JN320223

学校安全と子どもの心の危機管理

教師・保護者・スクールカウンセラー・養護教諭・指導主事のために

藤森和美　編著

誠信書房

はじめに

子どもの安全が脅かされる。
大人が怯えて固くなる。
子どもの安心が奪われる。
大人が不安を募らせ慌てふためく。
子どもが心と身体を痛めていくとき、大人はなにをすべきか？
大事なことは、大人が子どもに向き合う本当の勇気を持つことなのである。

私は、子どもの被害体験がこんなにも日常的に発生しているのかと思わざるをえない状況にいます。自分の携帯電話にマナーモードの震えを感じると「また、子どもの被害が発生したのか？」と慌てて発信者名を見ます。それが教育委員会や緊急支援チームスタッフだった時には、一瞬にして全身に緊張が走ります。そして、普通の日常連絡だったとわかると、ほっと胸をなで下ろします。朝でも、夜中でも、時には遠く地方にいても、どこか電話が来るのではと気になっているし、実際に電話がかかってくることもしばしばです。

学校への緊急支援に携わってから何年も、この状態は続いているのです。その間にたくさんの講演や研修を、学校教職員や保護者、時には精神保健の専門家を対象に行ってきました。けれども、教育現場には、「危機対応」への正確で冷静な判断と認識はなかなか浸透しにくいものだと実感せざるを得ません。

確かに、知識と実践が異なるのは当然のことかもしれません。実際に、自分の学校の児童・生徒が、または自分の子どもが被害に遭わないと、本当の意味での緊迫感を感じないものなのでしょう。このことは、災害が遠く離れたところで発生し、テレビニュースでそれを見て恐怖におののいたとしても、その被害の当事者とは全く異なる体験であるからなのだと推察します。

私は、一九九三年七月に発生した北海道南西沖地震の被災者に対する「心のケア」を手探りで行っていたとき、その作業は孤独で応援者は少なく、周囲の理解を得るのにとても時間がかかりました。それでも続けられたのは、被災した皆さんに向き合うことをやめなかったからだと振り返ります。

大けがをされた方、家を失われた方、親を亡くした子どもたち、子どもを亡くした親たち、恐怖のなか逃げまどった方にお会いし、お話を伺うことは根気のいる作業でした。しかし、その体験は、一九九五年一月の阪神・淡路大震災で被災した方々や精神保健の専門家、学校の教職員の皆さんに少しだけお役に立てることができました。

奥尻島の被災者の皆さんから託された責任感が、継続の努力を教えてくれたと感謝しています。「安全と安心」はあって当たり前のものだと思われがちですが、決してそうではないのです。失ってみてわかる辛さや、体験しなければわからない痛みがあることを、そして傷つきからの回復や再生があることも知ることが出来たのも私の宝物です。

その後、私の活動の場は自然災害だけでなく、事件や事故、虐待などの被害を受けた子どもの心のケアに広がっていきました。学校現場に事件が起きて数時間後には、学校長の要請で精神保健の専門家である臨床心理士や精神保健福祉士、精神科医などから構成される「緊急支援チーム」が現場に入り、教員の皆さんや被害を受けた児童・生徒の心理的応急手当を行うという活動にも関わり、これはいくつかの地域で根づきつつあります。

そして、この関わりが全国で子どものために活動している多くの専門家との出逢いを作ってくれました。お互いに情報を交換し、知識を交流させることで相互援助もできるようになりました。

この本は、そんな私の出逢いの心温まる結集です。

児童・生徒の安全を守るのは、そばにいる学校教員や保護者です。緊急支援チームは、ずっとそこに居続けることはないのです。専門家が到着するまでのその間、そして撤収したその後に何年も長期的に関わっていけるのは、学校にいる教員やスクールカウンセラーです。

とても単純なことのようですが、誰もが悩むことを、改めて専門家に書いていただきました。大人として身近な子どもに接するときに、この本をお役立てくだされば本当に嬉しく思います。

最後に、この本が図表をたっぷりと盛り込んで読みやすく仕上がったのも、私の我がままな要望を丹念に聞き入れて編集してくださった、誠信書房の松山由理子さんはじめ編集部の皆さんのお陰です。根気強く何度も打ち合わせしていただいたことに、心から感謝申し上げます。

二〇〇八年十二月二十四日

藤森和美

CONTENTS
目次

1章
学校安全とは

渡邉　正樹
Masaki Watanabe

1 「学校安全」とは、どのような教育活動か

学校の内外を問わず、日々の生活のなかには、さまざまな危険、危機が子どもたちを取り巻き、数多くの事件や事故の原因となっています。学校の管理下における事故、災害はもちろん、学校以外でも家庭内の事故、交通事故、自然災害、あるいは暴力や誘拐のような犯罪による被害などが発生し、それらの解決は関係者にとって大きな課題です。

そのようななかで学校安全は、子どもたちの命を守るうえで欠かすことのできない教育活動となっています。

学校安全の目的とは、「幼児、児童及び生徒（以下、児童・生徒など）が、自他の生命尊重を基盤として、自ら安全に行動し、他の人や社会の安全に貢献するための態度や能力を育成するとともに、児童・生徒など、教職員および学校の施設・設備などの安全が確保できる環境づくりを推進する」[6]ことと捉えられています。

表1-1に、学校安全の推進にあたり大切なポイントを示します。

学校安全の構造

学校安全は**図1-1**に示すように、学校における児童・生徒などの安全にかかわる諸活動、すなわち、児童・生徒などが主体（自分自身）や外部環境に存在するさまざまな危険を制御して安全に行動することを目指す活動である「安全教育」、そして児童・生徒などを取り巻く外部環境を安全に保つための活動である「安全管理」によって構成されています。また安全教育と安全管理の活動を円滑に進めていくための「組織活

表 1-1　学校安全の推進にあたって

❶学校安全の三つの構造

学校安全は、以下の三つの構造を持っています。

① 安全教育

② 安全管理

③ 組織活動

❷学校安全が扱う三つの領域

学校安全が扱うのは以下の三つの領域です。

① 生活安全

② 交通安全

③ 災害安全（防災）

❸役割分担の明確化

学校安全はすべての教職員がかかわる活動ですが、
安全主任などの学校安全担当者を中心に、
それぞれの役割分担を明確にしておく必要があります。

❹連携の重要性

学校安全は
生徒指導や健康教育という関連領域と
連携をはかることが大切です。

❺マネジメントの重要性

学校危機管理は
リスク・マネジメントとクライシス・マネジメントの両者を含むとともに、
ハード面とソフト面という両方の側面からの対応が求められる活動です。
なお、学校危機管理を進めるためには
マニュアルの作成とそれにもとづく訓練が必要です。

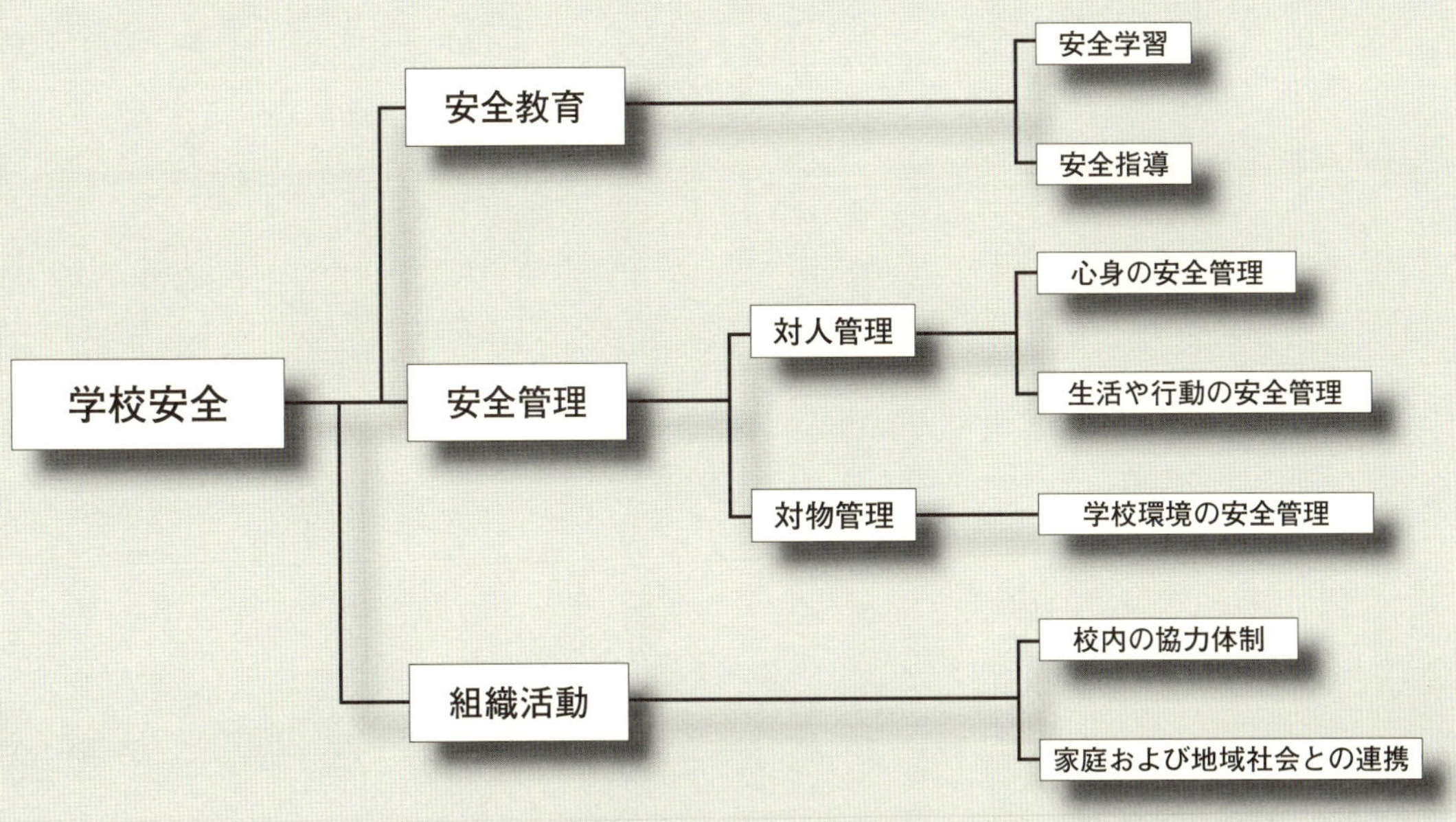

図 1-1　学校安全の構造（文部科学省，2001）[(2)]

動」の役割も重要です。

安全教育には、安全に関する基礎的・基本的事項を系統的に理解し、思考力、判断力を高めることによって安全について適切な意思決定ができるようにすることをねらいとする「安全学習」の側面と、当面している、あるいは近い将来当面するであろう安全に関する課題を中心に取りあげ、安全の保持増進に関する、より実践的な資質や能力、さらには望ましい習慣の形成を目指しておこなう「安全指導」の側面があります。そして相互の関連を図りながら、計画的、継続的におこなわれるべきものです。

2　学校安全がおこなわれる場面

学校安全の活動は、教育のさまざまな場面でおこなわれています。

まず「安全教育」ですが、教育課程に即して捉えると、「安全学習」は教科として小学校体育科保健領域、中学校保健体育科保健分野および高等学校保健体育科科目の「保健」はもちろん、理科などの関連した内容のある教科や道徳、総合的な学習の時間などで取り扱い、「安全指導」は特別活動の学級（ホームルーム）活動や学校行事、課外指導などで取りあげられています。

「安全管理」は、学校環境の管理を中心とした「対物管理」と、子どもたちの心身を対象とする「対人管理」からなります。

「対物管理」の活動内容は「学校においては、施設及び設備の点検を適切に行い、必要に応じて修繕する等危険を防止するための措置を講じ、安全な環境の維持を図らなければならない」（学校保健法、第三条の二）とあるように、学校環境の安全を図るための安全点検や環境改善が主な内容です。安全点検に関しては、その実施内容、頻度が学校保健法施行規則に定められています。なお、学校保健法は学校保健安全法として改正され、平成二十一年四月一日に施行されています。この改正法では、学校安全に関する内容が大幅に増えており、学校安全に関する学校の設置者の責務、学校安全計画の策定および実施義務、学校環境の確保、危険等発生時対処要領の作成、地域の関係諸機関との連携による体制の強化などが明記されました。

「対人管理」では学校におけるさまざまな活動を対象として、子どもたちの心身状態を把握し、事件・事故の発生を防止します。事故の背景として、子どもたちの疲労や注意散漫、抑うつ気分、気持ちの高揚などが存在することが少なくありません。学校行事など通常の授業とは異なる場面では特に注意を要します。

なお、学校安全はすべての教職員がかかわる活動ですが、安全主任などの学校安全担当者を中心に、それぞれの役割分担を明確にしておく必要があります。校長は、学校経営のなかに学校安全を位置づけて、推進する責任を負います。しかし実務面においては、学校安全担当者が学校安全計画の原案を策定することになります。「安全教育」の実施にあたっては、学級担任、保健体育科教諭、養護教諭らが担当するとともに、学校三師（学校医、学校歯科医、学校薬剤師）など非常勤職員も必要に応じて指導や助言にあたります。

たとえば、突然死の防止では学校医が、歯牙傷害の防止では学校歯科医が、心のケアではスクールカウンセラーが参加することが考えられます。ＰＴＡ、保護者はもちろん、警察署、消防署など学校安全にかかわる諸機関、団体もまた重要な役割を担っています。

以上のような関係者による学校安全委員会を設置することは、学校安全を計画的に実施するうえで不可欠です。

3 学校安全が扱う領域

学校安全は一般に「生活安全」「交通安全」「災害安全（防災）」の三つの領域に分類されます。各領域の具体的な内容については**表1-2**に示すとおりです。この表では三つの領域に共通する内容も別に示しました。

このように学校安全の扱う内容は広域にわたりますが、主として学校の管理下における事件・事故、災害が取りあげられます。

4 学校安全と生徒指導・健康教育

学校安全は主に事件・事故による被害を防止することに注目されがちですが、学年が進むにつれて加害という側面にも目を向ける必要があります。そのため学校安全と生徒指導との連携が重要になってきます。

生徒指導は「学校の教育目標を達成するために重要な機能の一つであり、一人一人の生徒の人格を尊重し、個性の伸長を図りながら、社会的資質や行動力を高めるように指導、援助するもの[1]」とされています。もとより生徒指導は、問題行動への対応だけを目的とした活動ではありませんが、教育現場においては「いじめ」「不登校」「暴力行為」「非行」などが重要な課題となっているのが現状でしょう。

また「喫煙、飲酒、薬物乱用」や「性の逸脱行動」も、学校安全や生徒指導と関係があるだけではなく、健康教育における予防教育として指導されています。

表 1-2　学校安全の主な内容（渡邉，2006）[5]

生活安全	①　学校（園）生活や各教科、総合的な学習の時間など学習時の安全 ②　児童（生徒）会活動やクラブ活動などの安全 ③　運動会、校内競技会などの健康安全・体育的行事の安全 ④　遠足・旅行・集団宿泊的行事、勤労生産・奉仕的行事など学校行事の安全 ⑤　始業前や放課後など休憩時間および清掃活動などの安全 ⑥　登下校（園）や家庭生活での安全 ⑦　野外活動などの安全 ⑧　窃盗、誘拐、傷害、強制わいせつなどの犯罪被害の防止 ⑨　携帯電話やコンピュータなどの情報ネットワークにおける犯罪被害の防止 ⑩　施設設備の安全と安全な環境づくり
交通安全	①　道路の歩行や道路横断時の安全 ②　踏切での安全 ③　交通機関利用時の安全 ④　自転車利用に関する安全 ⑤　二輪車の特性理解と乗車時の安全 ⑥　自動車の特性理解と乗車時の安全 ⑦　交通法規の正しい理解と遵守 ⑧　運転者の義務と責任、自動車保険の理解 ⑨　幼児、高齢者、障害のある人、傷病者などの交通安全に対する配慮 ⑩　安全な交通社会づくり
災害安全（防災）	①　火災防止と火災発生時における安全 ②　地震・津波発生時における災害と防災 ③　火山活動による災害と防災 ④　風水（雪）害、落雷などの気象災害と防災 ⑤　原子力災害発生時の対処 ⑥　屋内外の点検と災害に対する備え ⑦　避難所の役割と避難経路について ⑧　注意報、警報や災害情報へのアクセスとその理解 ⑨　災害発生時の連絡法 ⑩　地域の防災活動の理解と積極的な参加
共通	①　応急手当の意義と方法 ②　災害時における心のケア ③　学校と保護者、地域住民との連携 ④　関係諸機関・団体との連携 ⑤　学校安全に関する広報活動

表 1-3　防犯を例とした学校危機管理の四段階（渡邉，2008）[5]

❶事件・事故の発生を未然に防ぐ

日常的な安全点検をおこなう。子どもたちの危険予測能力や危険回避能力を高めるための防犯教室などを開催する。

❷事件・事故の発生に備える

学校や地域の特性を考慮し、想定しうるさまざまな事件・事故に適切かつ迅速に対応できるように準備を進める。役割分担を明らかにして、それにもとづき学校独自の危機管理マニュアルを作成する。マニュアルの実効性を高めるために、適宜訓練をおこなう。

❸事件・事故に即時対応する

危機管理マニュアルに沿って遺漏なく対応する。危機管理の責任者を中心にして速やかに状況を把握し、負傷者が出た場合には救急救命に当たり、被害の拡大の防止・軽減を図る。

❹事後の対応をおこなうとともに回復を図る

事態が収拾した直後から保護者および関係者への連絡・説明を速やかにおこない、教育再開の準備や事件・事故の再発防止対策を実施する。また心のケアなど必要な対策を取る。

特に薬物乱用防止は、近年では中・高校での防犯教室において取りあげられることがしばしばみられますが、従来「薬物乱用防止教室」として実施されることが多く、これは健康教育として位置づけられます。さらに体育科・保健体育科の指導内容としても取り扱われています。性犯罪被害防止や性の逸脱行動の予防教育は、性教育の一部として指導されています。

このように一つの課題であっても多様な教育活動によって支えられ、解決が図られています。生徒指導は生徒指導主任が、健康教育は保健主事、養護教諭、保健体育科教諭が中心となっておこなわれますが、学校安全にかかわる課題はそれぞれの学校における教育課程に明確に位置づけ、生徒指導、健康教育などとの連携を強めることで計画的かつ効果的に実施できるものです。

5　学校安全における危機管理の捉え方

学校における危機管理体制の確立は、すべての学校における重要課題です。学校危機管理では「子どもや教職員などの生命や心身などの安全を確保することである。そのため、危険をいち早く発見して事件・事故の発生を未然に防ぎ、子どもや教職員などの安全を確保することが最も重要である。併せて万が一事件・事故が発生した場合に、適切かつ迅速に対処し、被害を最小限に抑えること、さらには事件・事故の再発防止と教育の再開に向けた対策を講じること」[3]が目的であるとされます。

このなかで事件・事故発生前の対応をリスク・マネジメント、事件・事故発生後の対応をクライシス・マネジメントと呼んでいます。特に後者は狭義の危機管理ですが、学校危機管理においては、リスク・マネジ

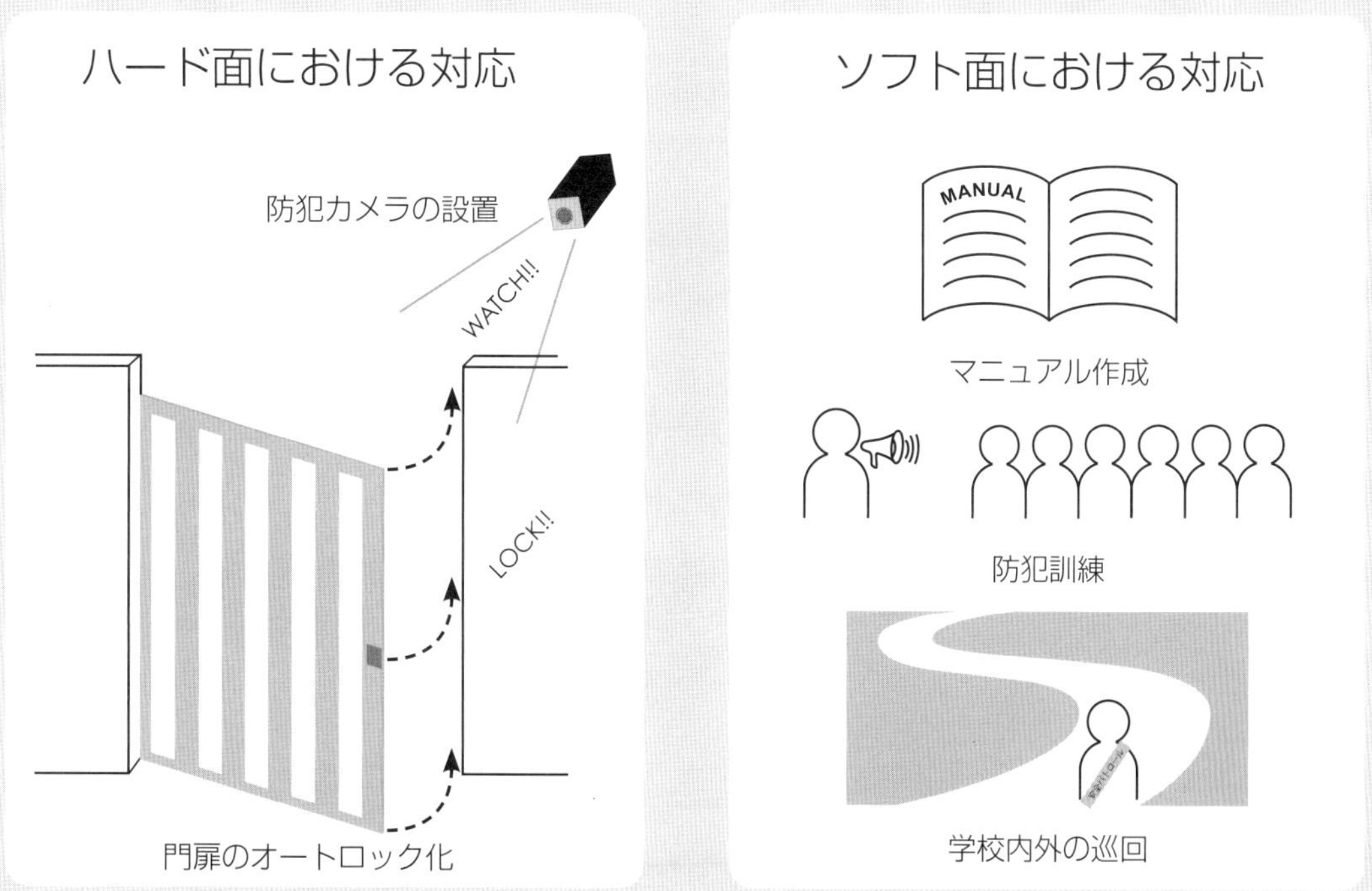

図 1-2　学校危機管理——不審者侵入対応の例

メントも含む広義の危機管理で捉えるのが一般的です。最近では、学校危機管理を四段階にわけて捉える見方[5]が一般的になりつつあります（表1－3）。

また学校危機管理には、施設設備の充実を中心としたハード面と、教職員や保護者、関係諸機関による危機管理体制づくりや教育などといったソフト面の二つの側面があります。学校への不審者侵入対応に当てはめるならば、前者は防犯カメラの設置や門扉《もんぴ》のオートロック化など、後者はマニュアル作成、防犯訓練、学校内外の巡回などがあげられます（図1－2）。学校においてはこの両面から相互補完的に危機管理を推進する必要があります。

ところで学校安全と危機管理はどのような関係にあるのでしょうか。学校では、安全に関する計画として学校安全計画が法的に位置づけられています。学校安全計画には、安全教育に関する事項、学校管理に関する事項および安全に関する組織活動が含まれています。危機管理の内容は、課題に応じて安全教育、安全管理、組織活動にまたがって整備されます。すなわち危機管理は安全管理だけではなく、安全教育や組織活動にも位置づけられるということになります[3]（図1－3）。学校危機管理の実効性を高めるためには、必要事項や手順を示した危機管理マニュアルを作成し、いつでも活用できるように準備をしておくことが必要です。

たとえ発生の可能性が低くても、それに備えることが危機管理です。危機管理においては「こんなことは起こらないだろう」「今までだって大丈夫だった」という油断は大敵です。危機管理ではあらゆる危機発生を想定する必要があります。

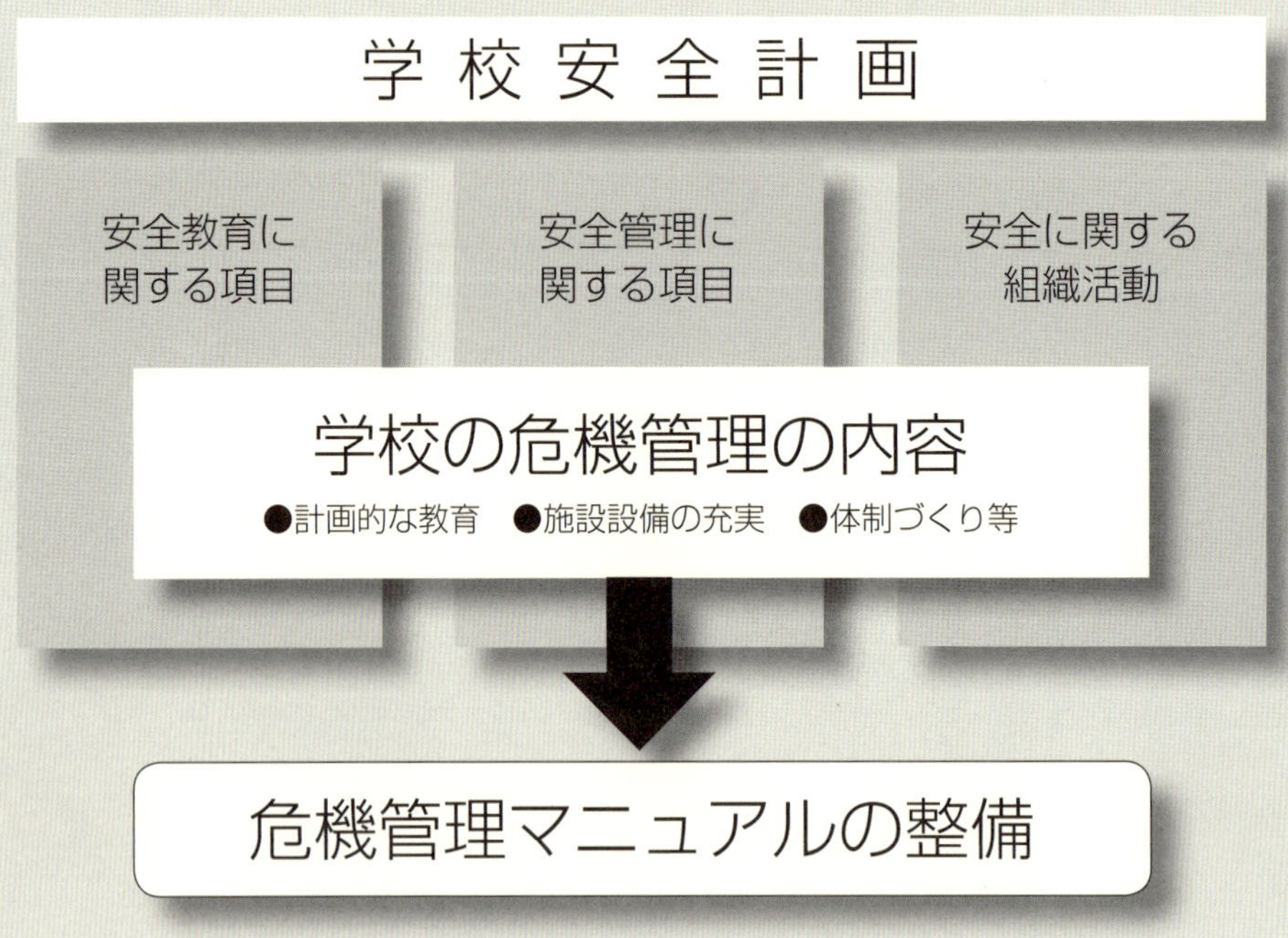

学校安全計画
安全教育に関する項目
安全管理に関する項目
安全に関する組織活動
学校の危機管理の内容
●計画的な教育　●施設設備の充実　●体制づくり等
危機管理マニュアルの整備

図 1-3　学校安全計画と危機管理

6 学校安全についてのQ&A

Q 「学校安全」は誰がおこなう活動なのですか。

Ⓐ 学校の教職員すべてがかかわる教育活動です。学校安全活動の責任者は校長ですが、推進するうえでの実務のリーダーと組織が必要です。近年、多くの学校で「安全主任」を置き、「学校安全委員会」を設置するようになりました。子どもの見守り活動など地域主体の活動との連携を図るうえでも、学校安全委員会の設置は不可欠であると考えられます。たとえ地域社会主導で安全対策を推進していく場合であっても、学校はこれら関係者の連携を調整し、協働を図る中心的な役割を果たすと考えられます。

Q 「学校安全計画」はどのように立案すれば良いのでしょうか。

Ⓐ 学校安全計画は、学校保健安全法によって作成が義務づけられています。学校安全計画の作成には校長、教頭（副校長）と学校安全担当教員（たとえば学校安全主任）が中心となり、保健主事や生徒指導主任、養護教諭の協力、さらには警察署、消防署の助言を得ながら進めます。学校安全計画では安全教育、安全管理、組織活動にわけて月ごとの活動を具体的に示します。その際、各教科や他の特別活動との関係を配慮することが大切です。

Q 学校危機管理のマニュアルの作成手順を知りたいのですが……

Ⓐ　学校での危機としてはさまざまな状況が想定されます。マニュアルを必要とする課題を明確にしたうえで、**表1-3**で示した危機管理の段階別に対応を記述します。マニュアル作成で考慮する点としては、対応の優先順位、教職員の役割分担、管理職などの責任者が不在の場合の対応、学外関係機関への連絡方法などです。参考となる資料はいろいろあると思いますが、たとえば学校への不審者侵入への対応については、文部科学省作成の『学校の危機管理マニュアル』[4]を参考にすると良いでしょう。もちろん、マニュアルは作成するだけではなく、随時それにもとづく訓練を実施することが必要です。

Q 危機管理の訓練が大きな負担です。何か良い方法はないでしょうか。

Ⓐ　学校でおこなう訓練としては、地震あるいは火災を想定した避難訓練と、学校への不審者侵入を想定した防犯訓練が一般的です。これらの訓練の実施は不可欠です。しかし学校では多様な危機の発生が予想されます。そこで卓上訓練（テーブルトップ・エクササイズ）という方法を導入することが考えられます。これは主に消防や救急医療関係者の間でおこなわれていた手法であり、「危機的状況を普段どおりにストレスのない状況下で模擬訓練すること。参加者は危機管理計画にもとづいて、問題を調べ、それを解決するように、議論を導く」[6]というものです。具体的には学校で発生する可能性がある危機的状況（たとえば、下校途中に児童が不審者から暴力を受けたなど）を設定し、教職員によって対応を決定するという一種のシミュレーションです。この方法は個々の意思決定能力を高めるとともに、教職員間の意思の疎通を強める点で効果的とされています。

2章

「死」をどうやって伝えるか

柳田多美
Tami Yanagida

1 死に直面することは珍しくない

1. 学校に関連した死の問題

［学校に関連した死］

・**生徒にとって個人的に大切な人の死への直面**
← 親やきょうだいが亡くなる

・**学校に属する人の死への直面**
← 級友や教師が亡くなる

・**〝死の恐怖〟への直面**
← 事故や災害で死ぬような目に遭う、誰かの死を目撃する

これらはすべて、学校に関連して子どもが直面する可能性がある死の問題です。一人の生徒が級友の目の前で交通事故に巻き込まれ亡くなり、同じ学校にはその生徒のきょうだいがいる、というように同時に複数の問題が起こることもあります。しかし、身近で死を体験した子どもが、周囲の援助を得られないことがよくあります。大人たちは子ども

に何と声をかけて良いのかがわからないのです。その一方で子どもたちは、わからないことがらに出会ったときには、周りの大人の振る舞いを注意深く見ています。そのため、死など起きなかったかのように私たち大人が振る舞うことによって、〝死〟とは恐ろしいものであり語ってはいけないことだと子どもに教えてしまっていることがあります。そのため、この章では、子どもにどのように死の問題を伝えたら良いかを取りあげたいと思います。

死は〝悲しみ〟と同時に〝恐怖〟をもたらす出来事です。死を子どもと話すことの目的は、大きく分ければ二つあります。

2. 死を子どもと話す目的

［目的］
・死を悲しむ機会を作る
・死への理解を助け、死の恐怖をやわらげる

身近な人を亡くせば子どもが悲しむのは当然です。十分に悲しんだ時期を持つことで、亡くなった人のいない新たな日常に進んでいけるようになると言われています。そのため、死を悲しむ機会を持つことは、子どもたちの今後のためにも必要なことです。また、死とはどういうものかを大人と話すことで、子どもはその年ごろなりに死への理解を深めることができます。ただし、悲惨な形で死が起きると、その人を亡くした悲しみに浸ることができないほど恐怖が強くなることがあります。亡くなった人を思い出すたびに、悲惨な死の場面が浮かんでくる子どももいるでしょう。そう判断した場合には、カウンセラーや医師に相談してください。また、強い衝撃や恐怖を体験した子どものための介入法が参考になります（3章、表2-1を参照）。

2 子どもの死への反応を理解する

1. 死への反応を決める五つの要因

誰かが亡くなった際の子どもの反応は、性格だけで決まるわけではありません。次の五つは子どもの反応を決める主な要因です[1,2,11,13]（図2-1）。その死が子どもにとってどのような体験だったかを考えるには、「死の体験チェックリスト」（表2-2）も役立ててください。

① 子どもの年齢や発達の程度

年齢とともに発達する能力が、それぞれの子どもの死への理解に影響します。現実とファンタジーを区別する力や、注意を持続する能力、論理的に考える能力は年齢とともにあがり、死の理解を助けます（本章3の2「子どもの理解に合った死の説明」を参照）。

② それまでに持つ死の経験

実際に身近で死を体験したことのある子どもは、死が取り返しのつかない別れであることを理解しやすいでしょう。人ではなくペットの死であっても同様です。また、身近で大切な人の死が続いてしまった子どもは、次は自分の番ではないかと不安になる場合もあります。

③ 亡くなった人との関係

亡くなった人との関係が近ければ、悲しみもまた深くなります。また

表2-1　突然の死の伝え方――教師にできること

生徒の家庭からクラス担任のあなたへ電話が入りました。「父親が事故で急に亡くなったので、今から家族の者を迎えに行かせます」という内容でした。このようなときに、まだ何も知らない生徒のためにどのような準備ができるでしょうか。

死の告知では、子どもに“余計な負担”をできるだけ与えないことが大切です。告知時にパニックになったり、呆然として現実感がなかなか取り戻せない人ほど、その後のショックが長引くとも言われます。また周囲の人が無神経だったと告知時に感じると、その後は周りに心を閉ざしてしまうことにもなりかねません。そのため、クラス全員の前で急に父の死を告げることはもちろんですが、何の予告もなく学外に連れ出され、混乱した家族から移動中に急に死を告げられる、という状況も避けたいものです。以下は告知の流れの一つの例です。

○ 家族と生徒が顔を合わせるための静かな部屋を用意する。
　→飲み物やティッシュ、座って話すための椅子などを準備する。
○ 生徒の学内での居場所を確認し、荷物をまとめさせる。
○ 到着した家族と、まずは担任が話す。
○ どのような形で伝えるかが決まったら、生徒を部屋に呼び入れる。
○ 担任や養護教諭など、生徒を知る教員が生徒に付き添えると伝える（家族が学校で告知することを希望したら）。
○ 一人では告知せず、家族にも付き添ってもらう（担任が代わりに告知をするように家族から頼まれたら）。
○ いきなりは告知せずに、生徒を椅子に座らせ、最初に「これから大変つらいことを知らせなければならない」と予告する。
○ 知っている事情（例：事故にどういう形であったなど）を伝えたあと、死亡をはっきりと簡潔な表現で伝える。
　→亡くなった経緯を先に説明することで、これからの話に少しでも予測をつけさせる。
　→“死”を曖昧に表現して、期待や誤解を抱かせない（例:「大変残念なことになった」とだけ言うなど）。
　→呆然とし話が耳に入らない様子なら、名前を呼んだり、水を飲ませるなどする。
　→泣き叫んだりパニックになったりした場合、興奮状態のままで帰宅させない。
　→椅子や保健室などで休ませる。
○ わかっている今後の予定を家族から伝えてもらい、現実に注意を戻させる。
○ 後で自宅をたずねるなどして、学校復帰前に必ずフォローアップをする。
　→クラスの誰に葬儀の日程を伝え、父の死をどのように説明してほしいか、またどのような形で初登校時にクラスに迎えてほしいかを本人と保護者に聞く。

表 2-2 死の体験チェックリスト

＊ 子どもが今回体験した死に当てはまる場合は、「はい」に○を付けてください。○の合計が多い子どもほど周囲の援助が必要な体験をした子どもと考えられます。

名前［　　　　　　　　　　　　］ 年齢［　　　歳］ 実施年月日［　　　　年　　月　　日］

		はい
1	親しい人の死だった（親、きょうだい、親友など）。	
2	複数の人が同時に亡くなった。	
3	予期せぬ突然の死だった。	
4	悲惨な死の場面を見た（損傷した遺体を見た、死の前に苦しむ様子を見たなど）。	
5	事故や殺人など誰かの悪意や落ち度によって起きた死だった。または自殺だった。	
6	死が起きた際に、子ども本人も死ぬような目にあった。または怪我をした。	
7	死が子どもにとって大切な生活の場所で突然に起き（自宅や教室、通学路での事故など）、まだその場を利用している。	
8	その子どもを精神的に支えられる状態にある大人が身近にいない。	
9	死によって現実的な困難が起きた（経済的に苦しくなった、家事をする人がいなくなったなど）。	
10	大切な人を最近亡くしたばかりだった。過去にも大切な人との死別体験があった。	
11	亡くなった人に罪悪感を持っているようだ（亡くなる直前に仲たがいをしていたなど）。	
		合計

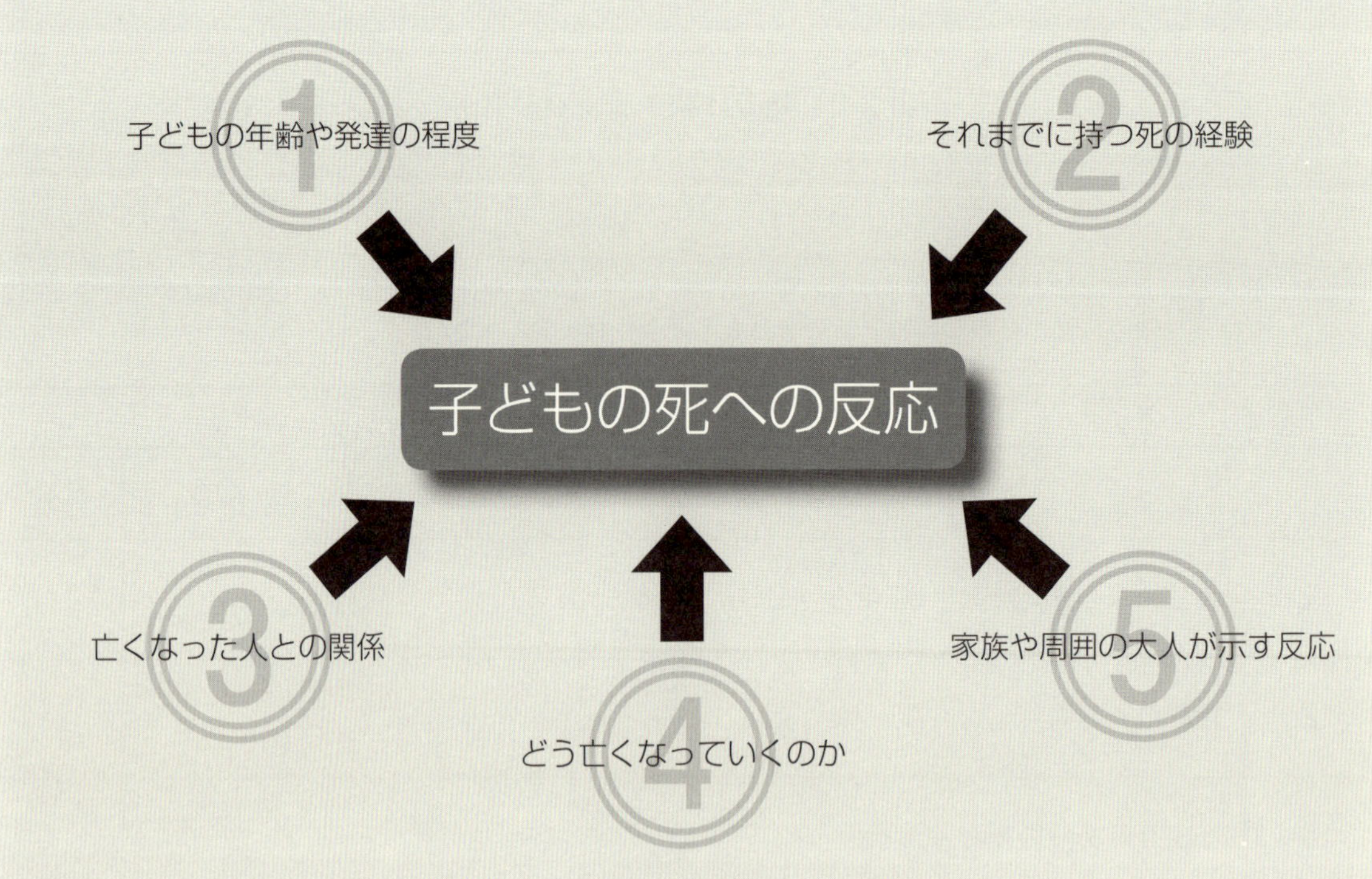

図 2-1　子どもの反応を左右する要因

亡くなる直前にその人と喧嘩をした、ずっと疎遠になっていたという場合もあるでしょう。長い闘病を経た家族の死では、注目を独占する病人に子どもが嫉妬を感じることもあります。そのように生前の死者との関係や、ひそかに抱いていた感情が〝罪悪感〟となり悲しみをより複雑にすることがあります。

④ どう亡くなっていくのか

死の前にお別れを言い、その人の死を予期して悲しむことは、死別後の悲しみをやわらげます。病に長く苦しむ様子を見ても、かえって死を安らぎと捉え、ほっとすることもあるのです。反対に、事故や事件などによる突然の死では、目を覆いたくなるような場面やそれを見ていた子ども自身が命の危険にさらされるので、恐怖や衝撃にもとづく反応が強く出ます。通学路で友達が交通事故死をしたあとは、毎日通う道がもう安全とは感じられないかもしれません。また過失や悪意によって起きた死が、特有の〝怒り〟や周囲への〝不信感〟を招くことがあります。自殺の場合は、止められなかったという〝自責感〟や、死者に対して〝見捨てられた気持ち〟〝孤立感〟などを感じやすいでしょう。

⑤ 家族や周囲の大人が示す反応

周囲の大人の死への反応を見ることにより、子どもは死への対処法を教わります。死の問題を大人がまったく取りあげないことも、早く元気になれない自分はダメな子だ、と子どもに思わせることがあります。大人が自分の感情を表現し共に泣くことにより、子どもが気持ちを表現しやすくなることもあります。ただし大人が激しく取り乱せば、子どもは自分の気持ちに蓋をして悲しむ大人を支えようとしたり、頼る人がもういないと思い不安になるでしょう。また自殺で亡くなった教師の追悼集会を学校がおこなわないことにより、悲しみを語ることは〝許されない〟というメッセージを暗に生徒に送ってしまっている可能性もあります。

2. さまざまな死への反応

大切な人を亡くした子どもが「周囲の言動に傷ついた」と話すときがあります。よく聞かれるのは「元気そうじゃない」と言われたというものです。反対に「もう、あんなにはしゃいでいる」とクラスメートの様子に腹を立てる子どももいます。しかし悲しいからといって、必ず泣くとは限りませんし、悲しそうには見えないときもあります。悲しみを忘れる瞬間もありますし、はしゃぐことでつらさを紛らわす子どももいます。また、そのときにはわからなかった事柄があとで理解できたときに違った反応が出る場合もあるので、反応の経過は一定のコースをたどるとは限らないのです[3]（表2－3）。

3. 〝あるべき〟反応はない

つまり、大切な人を亡くした子どもに〝あるべき〟反応や正しい反応はない[6][9][13]ということを、周囲の大人も子ども自身も知っていることが大切です。〝あるべき〟反応と違うということで、子どもを批判しないようにしましょう。もちろん、周囲が気をつけてカウンセラーや医師に相談することを検討したほうが良い反応もあります（表2－4）。

3 子どもと死について話す

1. 子どもと死について話す際に気をつけること

死は心のなかの〝亀裂〟だと言う人もいます。「死んだらどうなるのか」といくら考えても、生きているうちは誰にも完全にはわからないからです。死については周囲が答えを教えるだけでなく、次のようなことを心に留めて、子ども自身がこの〝亀裂〟を抱えられるように手助けをすることが大切です[6][9][13]。

① 正直に話す

「自分にもわからない」と伝えることを怖れないでください。大人もまた同じ疑問を抱えていると知ることが、子どもの気持ちをやわらげることがあります。反対に亡くなった経緯などの事実は、知らせるのがつらい事柄でも、できるかぎり伝えましょう。「どうして亡くなったのか」と子どもは疑問に思っていますし、隠し立てせずに誠実に接する大人がそばにいる、という感覚を少なくとも伝えることができます。子どもと死について話すときに、大人の自分が涙を見せたことを後悔する人もいるかもしれません。しかし、悲しいなら泣いてもいいのだということを、大人の涙を見ることで子どもは知ることができます。

② 子どもに自分で決めさせる

死を前にしてその事実に〝何もできない〟自分を感じるときこそ、これからのことを〝自分で決める〟大切な体験のときとなります。また、子どもが一人で決められないときには、選択肢を示しましょう。子どもの決定によって生じた結果をこちらが批判しないことも大切です。特に死に関しての自分の気持ちを表現するかどうかは、子ども自身に選ばせます。自分の気持ちを今はそっとしておきたいと思う子どももいるからです。葬儀に出るかどうか、遺体に会うかといったことも、葬儀においてどのようなことをするかを説明したうえで本人に選ばせましょう。そのほかに、家族が亡くなった場合は、どの範囲まで事実を伝えてほしいか、死因をどのように友人に伝えてほしいか、といったことを保護者だけでなく子ども自身にたずねることが大切です。また、亡くなった生徒

表 2-3　さまざまな死への反応（タギーセンター，2005[9]；藤森，2005[13] 参照）

❶情緒・感情レベルの反応

●悲しみ	●落ち込み	●混乱
●罪悪感	●憂鬱	●怒り
●後悔	●絶望	●憤慨
●恐怖	●何も感じない	●不信
●衝撃	●空しさ	●嫉妬
●不安	●非現実感	●孤独感
●安全でない感じ	●落ち着かなさ	●気分の上下

❷態度・行動レベルの反応

●泣く	●死に関することへ没頭する	●くよくよする
●無表情になる	●周囲の言動に敏感になる	●赤ちゃん返りをする
●ぼんやりする	●はしゃぐ	●以前より子どもっぽい振る舞いをする
●集中困難	●怒る	●大人のような振る舞いをする
●何ごとにも興味をなくす	●不機嫌な態度	●反抗
●無感動になる	●すねる	●非行
●元気がなくなる	●注目をひこうとする	●学業低下
●外出したがらない	●一人でいることを怖がる	●不登校
●一人でいたがる	●何ごとも過剰に心配する	

❸身体面の反応

●夜尿	●不眠	●だるい
●アレルギー	●頭痛	●吐き気がする
●食欲低下	●腹痛	●そのほかさまざまな身体症状

いろいろな反応があってよいことを
子どもに伝えましょう！

表 2-4 専門家への相談が必要な反応の例

身体的健康が損なわれる反応

- 興奮し、不眠が続いている。
- 悪夢で充分な睡眠がとれていない。怖がって眠ろうとしない。
- 食事が摂れず、痩せてしまった。

生命に危険がおよぶ可能性のある反応

- 自殺を試みる。リスト・カットをしている。
- 「死にたい」と周囲にもらす。
- 薬物（痛み止め薬や風邪薬も含む）を乱用している。

周囲とのつながりやなぐさめを失う反応

- 親とまったく口をきかず、非行傾向が出ている。
- 乱暴になり、今までの友達が怖がって離れてしまった。
- 友達と遊ばず、クラブ活動や稽古ごともやめてしまった。
- 今まで好きだったこと（テレビやゲーム、本など）にまったく興味を示さない。

こんな反応があったらカウンセラーや医師にも相談を

の写真を教室に飾ることがよくありますが、どの写真が亡くなったその子らしいか、教室のどこに飾るのが良いかなどをクラスメートにもたずねてください。

③ 予測をつけさせる

特に、〝わけがわからない〟死を体験するときには、これから起きること、おこなわれることを事前に話すようにしましょう。たとえば病気の家族の容態が悪くなり死が近いとわかった時点で、子どもにもそれを伝える必要があります。親が亡くなるとわかれば、これからの生活を子どもたちは心配しはじめるのです。その時点でわかっていることを具体的に伝えてあげてください。子どもによっては、葬儀や埋葬を〝わけがわからない〟こと、怖いことと捉えていることがあります。その場合は、葬儀や埋葬においてどのようなことをし、それにはどんな意味があるのかを話してあげてください。そのほかに、子ども自身に起こりうる心身の変化をあらかじめ伝えることも役立ちます。さまざまな反応があって良いこと、気持ちが落ち着く時期も人によって違うものなのだと話してください（本章**2**の2節の「さまざまな死への反応」を参照）。また、命日や亡くなった人と一緒に行きたいと思う行事の日、生前は一緒に祝っていた誕生日などの「記念日」には、つらい気持ちがぶり返すかもしれないことを事前に話しておくと良いでしょう。

④ 一人ではないという感覚を伝える

大切な人を亡くして不安だったり、寂しかったりしたときに、誰かがそばにいてくれるという感覚が子どもたちの一番の慰めになります。家族が亡くなって学校を休んでいる子どもにお悔やみのメッセージを送るだけでなく、学校の様子を担任が伝えたり、友人の作った授業のノートを届けたりすることによっても、周囲の気持ちを伝えることができます。その子どもが学校に戻った際に友達のなかで孤立しないように、どのように迎えてあげたら良いか、どんな声をかけてあげたら良いかを迎える側の子どもたちに事前に話し合わせることも役立つでしょう。また、周囲の大人は、死についてさまざまな気持ちが起きたなら、自分と話せるということを子どもに伝えてあげてください。自分の意見を尊重しながら、そばに大人がいることを伝えることができます。

⑤ 亡くなった人との思い出を大切に

よく言われることですが、大切な人との思い出は消えません。折にふれて、あの人だったらこういうときはどう言うかなどと思い出すことで、死者との関係はずっと続くという人もいます。葬儀や追悼式、毎日の供え物などの宗教的な儀式も、死者の供養のためだけにあるのではなく、遺《のこ》された人たちが死者を思い出し、語りかける機会を持つという意味があります。子どもが身近な人を亡くしたときには、亡くなった人を知っている大人は、子どもがその人の良い思い出を心に保てるように話をしてあげましょう。「あの人は○○が好きだったんだよ」「元気だったときにはこんなことをしたんだよ」といったことをぜひ話してください。

⑥ 日常生活を大切に

非日常の極みである死を体験した子どもが、これまでの日常生活を続けることにも大きな意味があります。就寝時間や食事の時間などは、できるだけ早く元のリズムに戻すようにしましょう。日常生活の場である学校が果たす役割も大きくなります。もちろん、突然クラスの生徒が亡くなった週に期末テストをおこなうといったことは無理でしょうし、親を亡くした直後の子どもが宿題を提出することも難しいでしょう。しかし、大切なクラスメートを失ったことを知らされ沈んでいるクラスこそ、体育の時間に思いっきり体を動かす必要もあります。

⑦ 周囲の大人も気持ちを整理する

子どもと死について話す前に、死について自分はどういう考えを持っているのか、今回起きた死を自分はどう感じているのかを一度考えてから話すほうが良いでしょう。自分にとっても大切な人を失い、一人では子どもを支えきれないと感じるのであれば、周囲の人やカンセラーに協力を求めましょう。どんなふうに子どもに話したら良いか、どんなふうに支えていったら良いかを、誰かと一度話してから子どもと話すといったことも役立つでしょう。

2. 子どもの理解に合った死の説明

周囲の大人が、死を理解するための枠組みとなる、わかりやすい説明[7,12]を子どもにすることも大切です。その内容は、子どもの発達レベル、子どもが知りたいと思っていること、子どもがどこまで受けとめられるかなどといったことを考慮し、その程度に合わせるようにしましょう。子どもが大人と同じレベルで死を理解するには、次の三つの概念を獲得することが前提になります。

[死の三つの基本概念]

- 死んだら身体は機能しない。動いたり見たり聞いたりはできない。
- 死んだら二度と生き返らない。
- 誰もがいつかは死ぬ。

まだ死の理解ができていない子どもに、死者について「安らかに眠っている」とだけ説明をすると、子どもが「いつかは目が覚める」と誤解をしたり、眠ることを怖がるようになることがあります。年長の子どもに同じ説明をすれば、自分をだましていると怒る可能性もあります。自分が死ぬということをまったく意識していない子どもに「みんな死ぬのだから怖がることはない」となぐさめれば、かえって怖がらせることもあるでしょう。

3. 年齢にしたがった説明

以下は、一般的に言われる、子どもの死についての概念の発達段階と、それに合わせた死の説明の例です。実際の発達は、年齢にしたがって一様に進むわけではありませんから、援助しようとする子どもの該当年齢以外の内容についても充分に把握するようにしてください[(1)(5)(8)〜(16)]。

① 零〜二歳の子どもへの説明

亡くなった人が〝永遠に〟いなくなってしまうという時間の感覚は理解できません。わかるのは〝今、ここに〟いるかいないかです。もちろん、この時期の子どもも、衝撃的体験をすれば、自ら語ることはできなくても覚えていることはあります。また、身近な人を亡くしたあとは、落ち着かなくなったり、食事を食べなくなったりする様子が見られます。しかしそれは、世話をしてくれている人の気持ちを敏感に感じ取っているからともいわれます。

［零〜二歳の子どもへの説明のポイント］
死の意味を説明するよりは、まずは世話をする人との接触を増やし、落ち着かないときには心地良い毛布でくるんで抱いてあげる、といった対応のほうが役立ちます。「死んだ」という言葉を子どもの前で口にすることがいけないわけではありません。

② 三〜五歳の子どもへの説明

この年代においては、「いつかは目を覚ます」と死を一時的なことと捉え、「自分や家族は死なない」と考える子どもがほとんどです。「死んだらご飯をどうするの？」「病院で生き返らせられる？」とたずねる子どももいます。「自分が〝良い子〟にしていれば、死んだ人も戻ってくる」といった魔術的な考えも持ちやすいようです。注意や記憶を持続できる時間も短いので、悲しんでいる様子が見られても、次の瞬間にはそれを忘れたかのように楽しそうにはしゃぐ様子も見られます。亡くなった人のことを忘れてしまう子どももいるでしょう。また、死を伝えている途中に急に遊び出すなど、話に興味を示さない子どもも珍しくはありません。しかし、それでも彼らなりに話を聞いているのです。

［三〜五歳の子どもへの説明のポイント］
「遠いところへ行った」「亡くなった」といった間接的な表現は避け、「死んでしまった」と「死」を表現します。そのうえで、死ぬことは「ご飯を食べたり、遊んだり、聞いたりはもうしない」ことで、「死んだ人（の体）は生き返らない」と説明しましょう。死の現実的意味を説明せずに「天国に行った」などの宗教的説明だけをすると、かえって怖がらせます。特に、「あまりにも良い人（子）だったので、神様が早く連れて行った」といった表現での説明をすると、子どもは「次は自分の番だ」と思い込んでしまい、怖がってしまうことになりかねません。「死は何か悪いことをした場合の罰ではない」と知り安心する子どももいます。どんなことを疑問に思うかを必ずたずね、大人には不謹慎に思える質問にも、その都度答えてあげてください。この時期の子どもは言葉で表すことができない分、遊ぶことで気持ちを表しています。周囲の大人は一緒に遊んであげる時間を増やしましょう。

③ 六～八歳の子どもへの説明

六歳になると、約半数の子どもが大人と同じように死を理解できると言われています。死は怖いものという気持ちが生まれる年代でもあります。「死ぬのは怖い」「嫌だ」と思う小学一年生が、それぞれ約九割いるという日本での調査結果もあります。その一方で、「いつかは死ぬものは？」という質問に対して「動物は皆死ぬ」と答えるものの、「自分は死なない」と考えている子どももいるのがこの時期の特徴です。この時期の子どもは、加齢に伴って死の理解が急速に進みます。

［六～八歳の子どもへの説明のポイント］

はっきりと「死んでしまった」と「死」を表現します。自分に関連づけた出来事だと理解しやすい時期なので、以前に周囲の人やペットを亡くした経験があるかをたずね、そのときにどんなふうだったかを聞きながら、説明を足していくと良いでしょう。どんなことを疑問に思うのか、その子どもはどのように死を思っているのかもぜひたずねてください。まだ死の概念が確立されていない様子なら、「死んだ人は生き返らない」などと説明しましょう。またその際は、時間を表す言葉に注意しましょう。「〝永遠に〟目を覚まさない」「死は誰にでも〝そのうち〟おとずれる」と話しても、先を予測できる時間の範囲が短いため、時間の感覚をつかめていない場合があります。

また、こちらがどう思うかをたずねても、無反応だったり、話をそらす子どもにはそれ以上はたずねる必要はありませんが、「疑問に思ったり、心配なことがあったらいつでも話せる」ことだけは伝えておきましょう。

④ 九～十一歳の子どもへの説明

このころにはほぼ全員が大人と同じように死を理解できます。自分の死を以前より現実的に感じるので、過剰に自分や家族の死を不安がる場合もあります。それでもまだ「もしかしたら生き返るのでは？」「本当に自分も死ぬのかな？」といった疑問は残るようです。論理的にものごとを考える力もついてきていますが、自分に関連づけて考えないと理解しにくいところもまだ残っています。そのため、九歳未満の子どもと同様に、「自分が悪い子だったから大切な人が死んだのでは」と、自分に関連づけて間違った推論をしやすかったりもします。

［九～十一歳の子どもへの説明ポイント］

引き続きはっきりと「死んでしまった」のだと「死」を表現します。「亡くなった」という表現はまだ難しい場合があります。「理由」を求める気持ちが強くなるので、どのような経緯で亡くなったのかという詳細を知りたがるでしょうし、また、かなりの部分を理解できるはずです。死を過剰に不安がる子どもには、できるだけ誰かがそばにいるようにしましょう。また、この時期の子どもは特に、気持ちの「混乱」を「怒り」で表現しやすいとも言われています。死を話した大人を子どもが責めたり、怒りをぶつけてきたりすることがあるかもしれません。ぶつけられたのは「怒り」ではなく、気持ちの「混乱」だということを心にとめておいてください。

⑤ 十二歳以上の子どもへの説明

この年代になると、死の概念がきちんと確立された状態になります。その一方で〝天国にゆく〟〝生まれ変わる〟といった死後の世界へのイメージを持つ子どもが増えます。日本では特に〝生まれ変わる〟というイメージが強いようです。抽象的にものごとを考えられるようになり、十二、三歳の七割近くが「死ぬとはどういうことなのか」を考えているとも言われます。しかしこの時期は深く考えることで、死に対する価値観は一時的に不安定になります。中学生への調査によると、自殺に対する否定感が低くなるともいわれます。〃生まれ変われる〃と考えることは、死への恐怖感を下げ、自殺を起こしやすくするため、この時期は自殺への注意が特に必要です。また、同世代の友人との関係が深まるので、思春期の子どもが仲の良い友人を亡くした際は、まるできょうだいを亡くしたような反応を見せることがあります。

[十二歳以上の子どもへの説明のポイント]

この年代の子どもには「死んだ」「亡くなった」という言葉で死を伝えましょう。子どもたちからは、現実の経緯についてだけでなく、観念的な質問も多く出るでしょう。「なぜ人は死ぬのか」「死んだら魂はどうなるのか」といった問いかけにも正直に答えてください。「自分にはわからない」と伝えても良いですし、宗教的な答えがためらわれる場なら、「私は○○と考えている」と個人的な考えであることを明らかにして話すこともできます。思春期の子どもに、死を過度に美化して話すことはやめましょう。特に自死した人を英雄視する説明は危険です（例：「天国に行きやっと幸せになった」「死ぬことによって名誉を守った」など）。後追い自殺を防ぐため、死者を批判する必要はないですが、遺された人たちの苦悩や悲しみをきちんと伝え、子どもが死のもたらすものを実感することが必要です。また、級友の死の場合などは、生徒同士で気持ちを話し合える時間を周囲の大人が意識して作ることが特に必要です。

4 おわりに

大切な人を亡くした悲しみや、死への恐怖をまったくなくすことは誰にもできません。

しかし、それらの気持ちを抱えたままでも、日常の活動に再び打ち込めるようになる力は、どの子どもも持っています。周囲の人たちは、回復を急がずに子どもたちの反応につきあってください。身近に死を経験したことで、他の人のつらさがわかるようになった、限られた人生を大切に生きようと思うようになった、と話す子どもも多くいます。

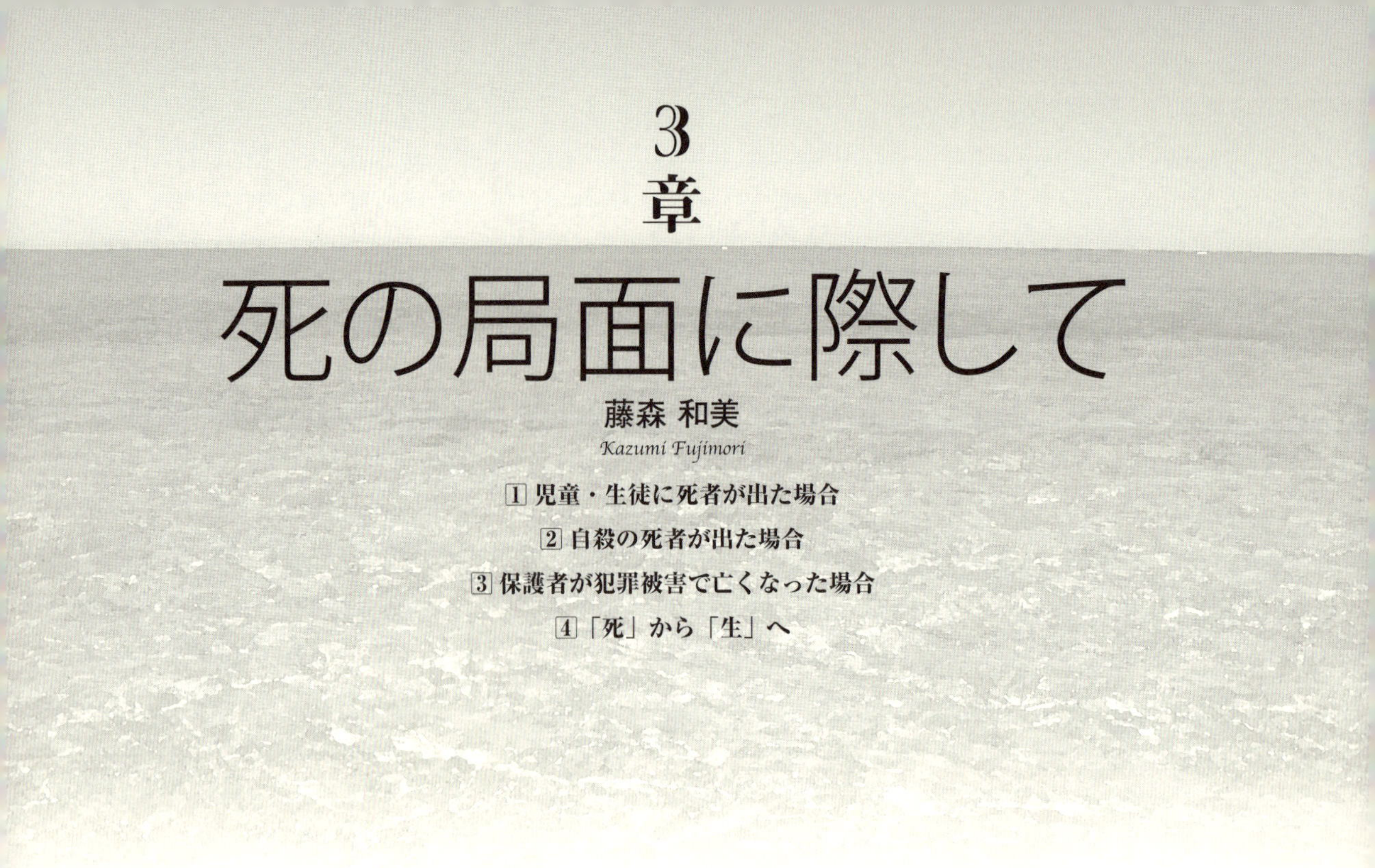

3章 死の局面に際して

藤森 和美
Kazumi Fujimori

[1] 児童・生徒に死者が出た場合

児童・生徒が亡くなった場合の衝撃は大きく、その影響が長期化する可能性は高いものです。さまざまな危機介入のなかでも、児童・生徒に死者が出ている場合は、心的衝撃は非常に大きく回復には困難が伴うものであることを覚悟しておくべきでしょう。

筆者ら危機介入チーム（心理職中心）は、児童・生徒が亡くなるという厳しくつらい場面に対面しながらも、遺《のこ》された人（遺族、同級生、友人、教員、児童・生徒の保護者など）と学校全体の機能回復のために、現場で実際に役立つ心のケアのプログラムを立ちあげて遂行しなければなりません[1][2]。

1. 影響のアセスメント

死の影響は、児童・生徒が死に至る原因や、発生した場所、現場に誰がいたかなどの要因によって変化してきます。以下にその要因を示します（図3-1[3]）。

① 死の原因

亡くなる原因の特定は、避けては通れない点です。この原因によって、事態の衝撃度合いは左右されます。特に学校側に何らかの過失が疑われる場合、または存在する場合は、そうでない場合に比べてその衝撃度が大きく、提供するプログラムの組み立ては複雑で、なおかつ実行が難しいものになります。

学校の管理や安全責任問題が発生する場合は、死の衝撃で学校の機能

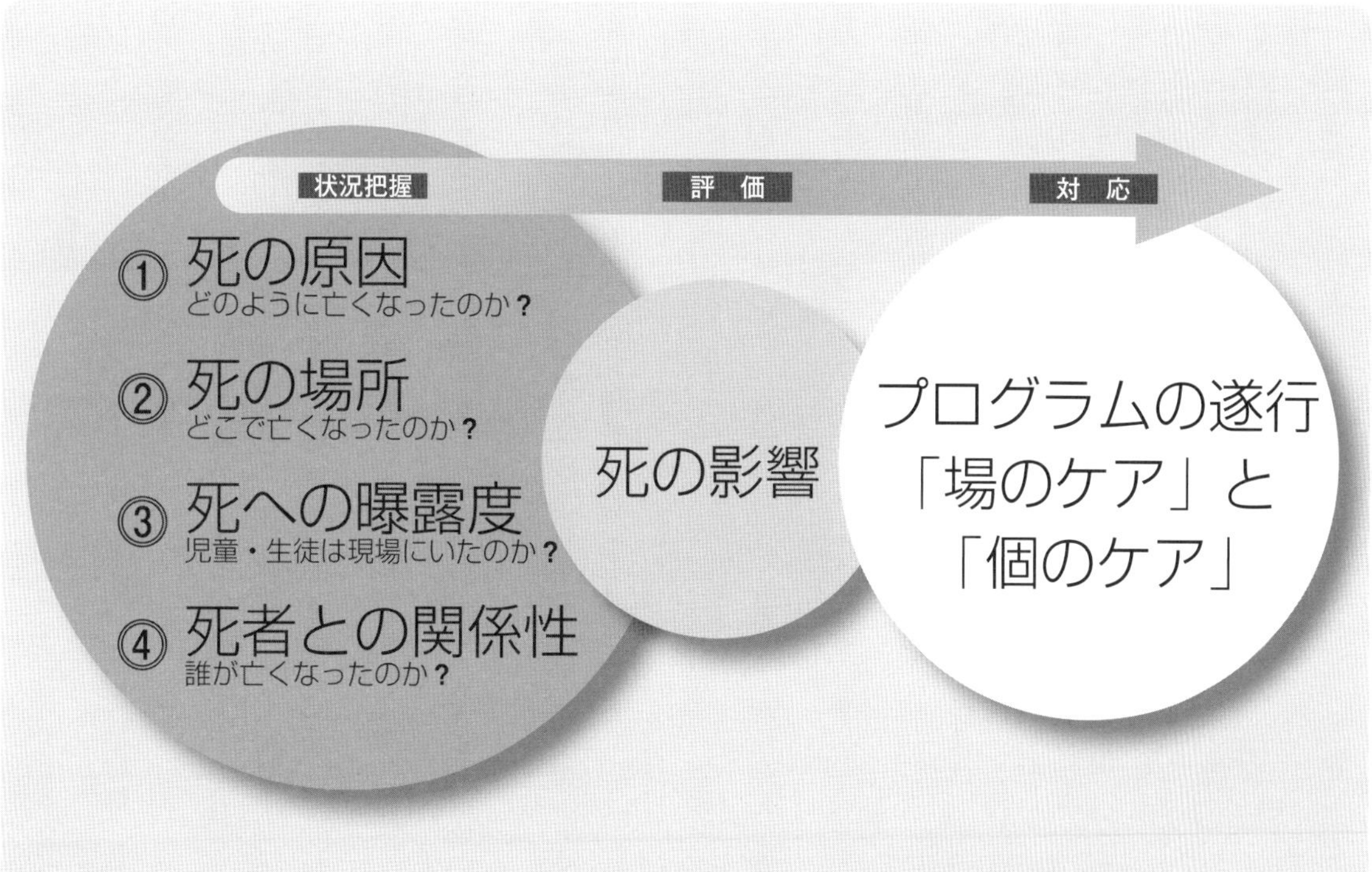
状況把握
評　価
対　応
① 死の原因
どのように亡くなったのか？
② 死の場所
どこで亡くなったのか？
③ 死への曝露度
児童・生徒は現場にいたのか？
④ 死者との関係性
誰が亡くなったのか？
死の影響
プログラムの遂行
「場のケア」と
「個のケア」

図 3-1　影響のアセスメント（評価）

が停止状態になりやすく、危機介入の支援要請の判断が遅れる典型的なパターンであるため、注意しなければなりません。

［死の原因例］
- 事故（交通事故、授業中に起きた何らかの事故など）
- 事件（暴力、殺人など加害者がいる犯罪の被害者となる事件）
- 災害（台風、竜巻、地震、火事など）
- 病気（もともと病気があった、心臓発作などが急に起きたなど）
- 自殺（服薬、首をつる、飛び降り、リスト・カットなど）

また、亡くなるまでの時間も関係し、看とりの時間を持てない突然死の場合は、周囲の人びとの衝撃度が増すことは言うまでもありません。

② 死の場所

どの場所で児童・生徒が亡くなったのかも、影響を評価する要因です。学校に管理監督の責任がある範囲の場所において児童・生徒に死者が出た場合は、その他の場所で起きた場合に比べて危機介入はより重要な意味を持ちます。なぜならば、遺された家族、被害を受けた児童・生徒や家族の憤りは、当然ながら学校側に向けられるからです。

［場所の例］
- 学校内（教室、廊下、運動場、体育館、プール、学外の遠足や修学旅行など）
- 通学路（登下校など）
- 家庭内（自宅、自宅の庭、マンションの屋上など）
- 学校外（公園、友人の家、塾の行き帰りなど）
- 病院（治療先や搬送先の病院）

③ 死への曝露度

まずは、児童・生徒たちが友人の死にどの程度直接的に曝《さら》されたかを知る必要があります。

目の前でいきなり友人が大けがをして大量の血痕を見た場合は、そうでない場合に比べて衝撃は大きく、その後に亡くなるという結末が待っていたら、なお一層その衝撃の度合いは増します。

> **［目撃の例］**
> ・現場の瞬間（被害の瞬間を見てしまう、亡くなった直後の遺体を見るなど）
> ・瞬間の音や声、臭い（目撃以外に、現場の他の刺激にも曝される。悲鳴や被害に関連して生じた物音、煙やガソリン臭など）

現場の瞬間を見た子どもは、たいていその状況に伴う音や声も聞いています。その場合は、物音だけ聞いた子どもより、現場を見て物音を聞いた子どものほうが衝撃は大きくなります。

④ 死者との関係性

亡くなった児童・生徒と遺された児童・生徒の関係性は、その後の反応に影響があります。特に心理的な距離が近しい場合に大きな意味を持ちます。もちろん、いつも一緒に遊んでいたとか、昔から仲が良かったという間柄だけを指すのではありません。ライバルでお互いを意識していた、喧嘩が絶えなかったなど関係性が緊張をはらんでいる場合も影響はあります。また、思春期では対象者に恋愛感情を抱いていて、ときにはその関係や自分のなかの感情がこじれていたことも作用してきたりします。

2. 事故による死亡と目撃生徒の事例

では、これらの要因から死亡にかかわる事例について考えてみましょう。

> **［事例1］ 海で溺れて亡くなった生徒の友人**
>
> 中学三年生の男子生徒A君とB君は、小学生時代からの幼なじみであった。夏休みのある日、同級生のC君を誘い、連れ立って近所の海岸に遊びに出かけた。四人は水着などの泳ぐ準備をしておらず、膝までズボンをまくりあげて水につかって遊んだり、岩場で釣りをしたりしていた。
>
> 一時間ほど遊んで、B君がふと海を見ると、A君が岸から数メートル離れた波間で手をバタバタと振って助けを求めていた。驚いたB君はすぐに助けようとA君のところまで泳いで行き、溺れているA君の腕をつかんだが、逆にA君にいきなりしがみつかれて一緒に深く海中に潜り込んでしまった。海水をガブガブと飲み、苦しくて、ついにB君はしがみつくA君を振りきり、砂浜までなんとかたどり着いた。が、そのときすでにA君の姿は水面にはなかった。
>
> 岩場で遊んでいたC君がやっと気づいてB君に駆け寄り、A君が流されたことを知って、助けを呼びに走った。近くで釣りをしていた大人たちが協力してくれ、船も出してA君を見つけだしてくれた。
>
> しかし、岸にあがったA君の唇は青く、すでに呼吸はなかった。大人たちが心肺蘇生をしている後ろで、B君は全身ずぶ濡れのまま呆然とその様子を見つめていた。救急車で病院に搬送されたが、三時間後にA君の死亡が確認された。

B君は二学期から登校しているが、授業を抜け出し、ふらりと保健室に入ってくることが多くなった。表情に精気が乏しく、何か身体不調を訴えるわけでもなく、養護教諭の質問に対して少し話す程度だ。しばらく保健室で休んでは、また教室に戻るという繰り返しだった。養護教諭がB君に「食欲はあるか？」とたずねたところ、「あまりない」と答えるので、体重を計ったら一カ月で五キロも減少していた。そんなB君に養護教諭は「授業に集中できていない、このままで受験をのりきれるのだろうか」という印象を持っており、どう接したらいいか悩んでいた。

一方、学年主任は、C君は笑顔が減って落ち込んでいる感じが見えるというわかりやすさがあるのに比べて、B君の様子は受験を前にしているのにボーっとして、授業中も生返事が多く、ただやる気がないように見えて、B君が不真面目でだらけているようにしか受け取っていなかった。

この事故では、B君自身が死にそうになり怖い体験をしていることが、かなりの期間放置されていました。A君の死だけに皆が注目してしまったからです。B君は、目の前でA君がもがいている様子を岸からと、さらには助けに行って間近に見ています。また、助けようとしたものの、溺れているA君に自分の身体や腕をつかまれて自分も溺れそうになったために、逃れようとその手を振り払ってしまったという過酷な体験があります。さらに、血の気の失せた唇をしたA君の心肺蘇生の現場も、そばにじっと立ち尽くして見ていました。

B君とA君は、小学校のときからの幼なじみで、中学三年生になっても毎日一緒に学校に通っていました。勉強のできるまじめなA君は、勉強が不得意なB君には憧れでもあったし、決して偉そうにしない性格から、B君にとって安心して過ごせるとても大切な友人でした。しかし、その死後に、学校や近所では「B君がA君をいじめていたのではないか。B君はA君を無理に海に誘ったらしい。泳ぎの不得意なA君が海に自分から入るわけがない」などと噂がたったこともB君の心を傷つけました。

事故のあと、B君は、寝つきが悪い、夜中に目を覚ます、何度もA君が出てくる夢をみるという睡眠障害が出ていたものの、誰にもそのことは告げていないし、周囲もわからないまま過ごしていました。直後からみるみる食欲は落ちましたが、夏バテぐらいにしか家族も理解していませんでした。学校が始まるまでは三週間ほどあり、二学期が始まってようやく養護教諭が異変に気づいたのでした。

同じ現場にいたとはいえ、C君はA君が波間で浮き沈みしている様子も助けを求める声も聞いていないため、B君に比べるとその曝露度は低くなります。さらに、クラスも中学三年生になってからはじめてA君と同じになっており、明らかにつきあいの長さはB君と異なっていました。

このように、事件や事故にかかわった児童・生徒を個々に見ていくと、背景の違い、体験の強度の違いが、心身におよぼす影響に差異を生じさせるのだとわかるのです。

2　自殺の死者が出た場合

日本における自殺による死者は、一年間に約三万三千人と言われています。そのなかには、児童・生徒の保護者やきょうだいなどの家族がいる可能性は高いと言えます。

また、児童・生徒自身が自殺をしてしまうこともあります。考えたくないことですが、児童・生徒が自殺をするという危機があることを、残念ながら認めなければならないのが現実なのです。平成十七年度に

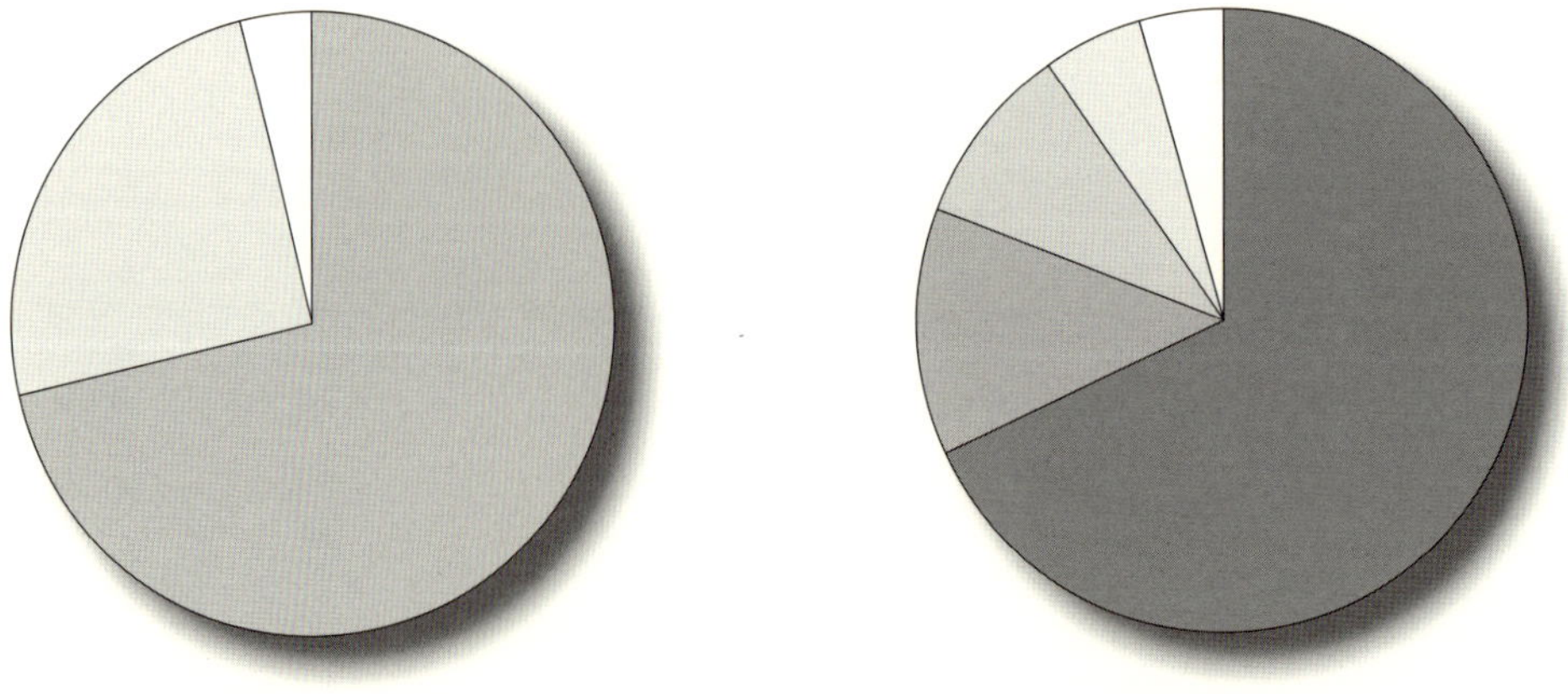

自殺者数（103 人）

a. 高校生（75 人）
b. 中学生（25 人）
c. 小学生（3 人）

自殺の原因（%）

ⓐ 理由を特定できず（58.3%）
ⓑ 家庭の事情（10.7%）
ⓒ 精神障害（9.7%）
ⓓ 世の中が嫌になった（5.8%）
ⓔ 進路問題（1.9%）
ⓕ その他（13.6%）

図 3-2　公立小中高等学校児童・生徒の自殺者数と原因

平成 17 年度　生徒指導上の諸問題の現状について（文部科学省）[4]

自殺した公立小中学校の児童・生徒は前年度比二十三人減の百三人と一八・三%減っていたことが、文部科学省がまとめた「生徒指導上の諸問題の現状[4]」でわかっています。児童・生徒十万人当たりの割合は〇・一ポイント減の〇・〇一でした。内訳は、小学生が三人、中学生が二十五人、高校生が七十五人でした。自殺の原因をみると、六四パーセントが理由を特定できず、一〇・七パーセントは家庭の事情、九・七パーセントは精神障害、五・八パーセントは世の中が嫌になった、九・七パーセントは進路など学校の問題でした（図3－2）。

「自殺」という死は、遺された人にいくつもの困難な課題を置いていくために、その課題を前に多くの人が苦しみます。学校の危機介入でも、自殺後の介入と心理的支援は、特に技術が必要であり難易度が高いのです。

1.　家族の自殺

児童・生徒が帰宅したら自宅で保護者が自殺し倒れているのを発見した、きょうだいが自室で自殺しているのを知らずに部屋のドアを開けて見てしまったなどの事例に出合うことがあります。その死が「自殺」であると学校側が知った時点で、学校は対応に苦慮するものです[5][6]。

自殺は病死や事故死と異なり、その死に誰かが接近することを拒否するという性質を持っているため、周囲の人間は遺族にお悔やみの言葉さえ言うのを躊躇させられます。ときには自殺であることが伏せられ、突然の病死として告知されたりもします。周囲が自殺であることを知りながら、あたかも病死であるように振る舞わなければならないのは、難しいことです。遺された家族のなかでも、事実を知っている人と知らされていない人が存在することもあります。

自殺遺体の発見などに曝された児童・生徒は、その衝撃の大きさの上に、自殺という重いテーマを同時に背負うことになります。学校側は、遺族の気持ちに丁寧に添いながらも、当該児童・生徒への対応を避けるべきではありません。躊躇や遠慮を理由に児童・生徒への対応を遅らせた場合、その時間を取り返すための対応は想像以上に気まずく、児童・生徒からの心理的な距離は遠のいてしまいます。特に、家族の遺体の第一発見者になってしまった児童・生徒が、そのまま何も心理的ケアを受けないで放置された場合には、不登校や適応障害という反応が如実に出てきます。

そのことによる症状や問題行動は、直後から出る場合もありますが、しばらく時間が経過して出てくることもあります。当初、児童・生徒に変わったところもなく登校してきていたとしても、その姿に安心してはいけません。感情を麻痺させることで苦しさを乗り切ろうとしていたり、平気である素振りを貫徹することで悲しみを遅らせていたりするのかもしれないからです。

たしかに自殺というテーマを扱うのは容易なことではありませんが、その難しさをあえて遺族や児童・生徒と共有することで、互いの気持ちをわかり合えることもあります。

［事例2］　母親の自殺の発見者の児童

小学五年生の女子E子さんが学校から帰宅したら、居間で母親が血を流して倒れていて、側には病院から出ている薬が散乱し包丁が落ちていた。慌ててE子さんは救急車を呼び、会社にいる父親に電話をした。救急車が来るまで、E子さんは気丈にもその現場にいて、母親に声をかけ続けていた。しかし、救急車が到着したときにはすでに母親は死亡していた。

母親は、以前からうつ病の治療を受けていた。最近の病状は安定していたが、夫に転勤の話が持ちあがり、家族で一緒に転居するか、単身赴任をしてもらうかで悩んでいた様子があった。

父親から連絡を受け、すぐにE子さんの担任と校長が自宅に向かったところ父親が警察に出かけたあとで、駆けつけた父方の祖母とE子さんは留守番をしていた。E子さんの顔面は蒼白で表情は固く、泣き出す様子さえ見られなかった。担任はなんと声をかけていいかわからず「毎日連絡をするから、学校のことは心配しないで」と言い残してその場を去った。

その夜、父親から学校に「母親は病死としてクラスの友達には伝えてほしい。葬儀は家族と親戚だけの密葬にするので香典や花も辞退する。娘は一週間ほど学校を休ませてから登校させる」という電話があった。

校長やクラス担任、学年主任が話し合い、遺族の気持ちを尊重した形で対応する方針を決めた。しかし、「どうも自殺したらしい」という近所の噂が児童・生徒の間でも広まり、担任はクラスの児童にどう説明したらいいのか、またE子さんが登校したときにどう接したらいいのかわからずに混乱していった。

このような場合、遺族はもちろん学校関係者も事態の複雑さに翻弄《ほんろう》されます。しかしながら、まず遺族となった児童・生徒へのケアが必要となります。保護者の理解を得ながら、子どもの安全と安心を確保して静かに悲しみをわかち合うところから始まります。

E子さんが何を不安に思い、どんなに悲しく、また戸惑い怯えているかを想像するなら、小学五年生の児童のその小さな肩の震えが伝わってくるでしょう。担任にスクールカウンセラーが同行して家庭訪問をおこない、早い段階で顔を見て様子をうかがうのは大事です。スクールカウンセラーがいない場合は、養護教諭がその役目を担うことも可能です。身体的な健康状態の安否確認は、強い励ましなどよりずっと柔らかさを持っており、受け入れられやすいものです。

クラスへの対応は、発達段階が幼い学年でも大事です。「何の病気だったの？」「ご飯は誰が作ってくれるんだろう」などの質問や疑問は、子どもたちの率直な反応です。「近所の人が自殺って言っているのを聞きました」ということも担任は子どもから聞かされ、その真偽を求められるかもしれません。

筆者は、E子さんのクラスでこう話しました。

筆者　「今、E子さんのお母さんが亡くなって、一番悲しいのは誰だと思いますか」

児童F　「やっぱりE子さんだと思う」

児童G　「E子さんのお父さんも悲しい、ショックだよ」

児童H　「おばあちゃんもきっと悲しいよ」

筆者　「みんなのなかで、おじいちゃんやおばあちゃん、親戚の人や大切な人が亡くなったという経験のある人いますか」

児童I　「去年、お父さんのおじいちゃん（女児にとって）が病気で死んだので、病院に行って会ったよ。冷たくて、息をしてなかった。お父さんが泣いていた」

児童H　「僕もおばあちゃんが幼稚園のときに、亡くなったよ。お母さんが泣いていて、びっくりした。目が真っ赤だった。大人のお母さんも悲しいと泣くんだって思ったよ」

筆者　「自分にとって大事な人、愛する人が亡くなるって、つらいことなんだよね。さっき、みんなが言ってくれたように、E子さんもE子さんのお父さんも今は何も考えられないくらいつらくて悲しいと思うんです。そんなときに、うわさや本当ではないことを、いろいろ言われたらどんなに嫌な気持ちになるでしょうね」

児童J　「頭にくるよ。ひどいと思うなあ」

筆者　「そうだよね。悲しんでいる人を傷つけることをしてはいけないよね。いろいろ言う人もいるかもしれないけど、みんなは一緒にならないことが大事です。みんなは、E子さんの友達として、E子さんの気持ちを大事するにはどうしたらいいと考えますか」

児童I　「誰か変なこと言ったら、そんなこと言わないでって怒る」

児童K　「そっとしておいてあげる」

児童F　「もしうわさを聞いても、自分は言わないよ」

児童H　「E子さんに学校に来てって手紙を書きたいです」

このクラスは、その日のホームルームの時間を使って、児童がE子さんの休んだときのノートや授業の課題プリントを整理し、E子さんに手紙を書いて担任に託しました。

たとえこのクラスが小学校の低学年でも、きちんと説明すればE子さんの立場を子どもたちは理解します。担任も、クラスの児童と話し合うことで、自分がどう振る舞うべきかを少しずつ整理できました。E子さんだけでなく、クラスの児童にも「死」という問題を扱わずにやり過ごしたなら、子どもたちは人の心の痛みや悲しさに立ち止まれなかったかもしれないと思います。

2. 児童・生徒の自殺

児童・生徒の自殺はきわめて深刻な影響をもたらします。学校が、自殺の連絡を受けてから対応しなければならないことは多々あります。心のケアに関する「緊急支援チーム」が学校に入った場合は、すでに教育委員会の指導主事らが現場に到着していて、学校長と連携を持ちながら対応策を考え実行しています。

児童・生徒の自殺が、どのような形で発見されたかは、先に述べた曝露の問題と大きく関連しています。自殺をほのめかした電話や携帯メールを友人に送ったため、駆けつけたその友人が第一発見者になることもあれば、家族が発見する場合もあります。また、家出のあとや、家への帰り道の途中で自殺することもあります。

自殺の方法も、服薬、飛び降り、首をつる、リストカットなどさまざ

否認
「嘘だ」
「信じたくない」
「夢に違いない」
怒り
「大人（親、先生など）が悪かった」
「友人たちがいじめていたからだ」
「（亡くなった子どもに対して）なぜ勝手に死んだのか」
自責感
「きちんと話せば良かった」
「あのとき、もっと○○してあげれば良かった」
「喧嘩しなければ良かった」
悲しみ
「話したいことがいっぱいあった」
「もう会えない」
「寂しい」
自責感
「悩みに気づいてあげられなかった」
「助けられなかった」
「優しくしてあげなかった」
「もっとちゃんと聴けば良かった」
悔しさ
「なぜ、自分に相談してくれなかったのか」
「自分が大切に思われていなかった」
思慕
「もう一度会いたい」
「もう一度声を聞きたい」
「忘れられない」

図 3-3　喪失体験によって陥る状態

までです。遺書が残されている場合もあれば、友達に意味ありげな言葉を残して亡くなる場合もあり、何も残さないため理由が思い当たらないというケースもあります。

①　自殺への直接曝露

実際に児童・生徒の自殺に曝されたかどうかは、大きな問題となります。先に述べたように、子どもである友人やきょうだいが発見した場合は、まずその子どもたちへのケアが必要です。特に凄惨《せいさん》な場面の目撃はトラウマとなるため、慎重な対応が求められます。

ときには、遺体確認に学校教員が付き添うこともあるため、教員へのケアも忘れてはいけません。

②　連鎖（群発自殺）の防止

多感な時期の自殺は、友人たちに自殺の連鎖を呼ぶこともあり、まずその防止対策のためにも個々の気持ちを汲み取り、動揺を最小限にする必要があります。

事態の沈静化を焦るあまりに「早く元の生活をとり戻そう」「今は、勉強に集中しなさい」などの言葉掛けをすると、大きな反発が起こります。また、死を美化することは最も避けるべきです。

デマが流れないように、亡くなった子どもや遺族の気持ちを考えることを促すようにします。チェーン・メールや裏サイトへの書き込みや噂をしないようにも注意しましょう。心ある子どもたちは、自分のところにそれらが廻ってきてもそれを広げない強さと温かさを持っています。

③　喪失体験

突然に友達を失うこと、特にそれが自殺によるものである場合、遺された児童・生徒は心にいくつもの課題を置き去りにされたような状態に陥ります（図３-３）。もちろん、それは遺族や学校教員など、かかわ

表 3-1　学校再開のための 10 のポイント

❶カウンセリング態勢をととのえる

学校再開日（事件後初めて児童・生徒が登校する日）にはカウンセリングの態勢が必要です。心配な児童・生徒や希望する児童・生徒のカウンセリングをおこないます。保護者の相談も受け付けます。ただし、それまでに気になるケースへのアプローチをできるだけしておく必要があります。

❷予備の保健室の用意

学校再開日には保健室が溢れる事態が想定されます。別室を用意し、保健室と別室に応援の教師や専門家を配置してください。また、心配なクラスにも応援の教師と専門家が入るようにしてください。

❸不安定児童・生徒だけにしない

不安定な児童・生徒を児童・生徒だけで帰宅させないでください。ひとりぼっちにすることは危険です。

❹全校集会はパニックが伝染する

学校の規模にもよりますが、全校集会を開くとパニックが伝染する危険性があります。校長自ら語る必要がある場合は、放送を使うか、当該クラスに出向くほうが安全です。

❺メッセージは簡潔に

校長のメッセージは短く（3分以内）、教訓的な内容やありきたりのきれいな言葉を避けてください。要点を箇条書きにし、主要教職員や専門家に見てもらいましょう。できれば、クラス担任には前もって渡してください。

❻自殺手段の詳細は伝えない

自殺の事実はクラスで伝えますが、手段の詳細は伝えないでください。クラスによって伝える内容が大きく変わらないようにまず基本形を定めた上で、そのクラスに即した伝え方を用意しましょう。

❼専門家のアドバイスを

教師も自分の今の気持ちを率直に言葉にしてみる必要があります。専門家のアドバイスを受けてください。

❽自殺を容認する言い方は避ける

「仕方がなかったと思う」というような言い方は避けてください。自殺は何としても防ぎたいのだという表現をしましょう。児童・生徒でも大人でも「死にたい」ほどつらくなったときに、誰に相談したらよいかを話し合ってみるのも良いでしょう。

❾美化・非難しない

自殺を美化しないでください。しかし、自殺した人を非難してもいけません。

❿流言は未然に訂正

事実と異なることを児童・生徒が言っているときには、適切な方法で訂正してあげてください。携帯電話のメールやサイトへの書き込みも注意してください。

りのある人びとすべてに言えることです。

自殺への直接曝露と喪失体験は同じではありません。もちろんこれらの二つが重なる場合もありますが、喪失体験は喪（悲しみ）の作業に取り組むことで、さまざまな感情を整理していくことができます。

特別な死を体験すると、自分が想像している感情だけでない複雑で多様な感情の嵐に巻き込まれることを、心のケアに携わる専門家は教師や両親に提示すべきでしょう。

自分の担任する児童が自殺したと知らされたある教員は、湧き出る感情が悲しみだけでないことに戸惑っていました。翌朝のホームルームで、児童たちに同級生の自殺による死について説明しなければならないのですが、その教員は今までに経験したことのない感情が自分のなかで湧き起こり、それに対応しきれずに混乱していました。

心理的ケアの専門家による緊急支援の方法としては、大人もこのような死に対して冷静でいられないのは当然であることを具体的に示し、怒り、罪悪感、無力感など、通常は感じてはいけないと思うような気持ちも出てくるものだという説明をおこないます[7]。

そのことで、担任だけでなく学年主任などの他の教員も、自分が混乱している理由が理解できます。そして、その混乱している状態そのものに、強い罪悪感を覚えたり、自分を責めなくてもいいことにも気づきます。同じようなことがクラスや学年の同級生たちの間にも起きています。子どものほうが感情の処理がまだ未成熟であるため、一緒に感じながらも、しっかりと大人が受けとめる必要性があるということも理解してもらいます。

さらに筆者は、教員も泣いてもかまわないことや、悲しみだけでない感情の表出も必要だと言われたことで、教員が児童・生徒を自然な「特別な死の報告と感情の共有」をおこなえた事例も体験しました。

悲しみの作業は、お通夜や葬儀への参加、クラスでのお別れ会などの学級経営を通して、時間経過とともにさまざまなテーマでアプローチできます。クラスのメンバーが一概に同じ心理的距離感を持っているとは限らないので、亡くなった子どもとの親しさや関係性を吟味した上で、反応を予測し、経過を観察しましょう。さらに、クラスや学年、学校全体の集団の流れを見ていくことも忘れてはいけません。遺影や花などを机の上にいつまで飾るか、月の命日はお参りにいくのか、一周忌はどうするのか、卒業年次なら卒業式での呼称はどうするかなど、自殺直後だけでなくその後も課題は続くのです。学校再開のためのポイントを**表3-1**に示しました。

こうした課題は、児童・生徒の病死や事故死にもあてはまりますが、自殺という場合の問題の重さがその対応をきわめて困難にさせます。

3 保護者が犯罪被害で亡くなった場合

児童・生徒の親やきょうだいが、犯罪の被害に遭《あ》い死に至るという事例もあります。実際、ドメスティック・バイオレンス（家庭内、近親者間の暴力）が最悪な事態を迎えるということもありますし、親子心中という結末を迎えたりすることもあります。

これは、子どもにとっての、人生のよりどころとしての家庭が崩壊してしまう衝撃的な出来事です。このような場合、子どもにとって長い時間を過ごす学校は重要な意味を持つため、最初の接触は大事です。児童・生徒が学校にいる時に先のような事態が発生した場合、心細く感じている子どもの支えを、誰がどう担うかを考えて対応していくことは、断ち切られた安全をなんとか保つために必要なことです。誰がそばにいるか、食事はとれるか、夜はどこで泊まるのかなど、緊急に対応が迫られることが多くあります。しかし、十分過ぎると思われるほどの心配と支援をしても、それは失ったものの大きさに比べるとまったく足りないのだと考えるべきなのです。

ほとんどの場合、このような被害に見舞われた児童・生徒は、そこで生活する基盤を失い、そう長くない間に転校を強いられます。転校先には被害体験の情報を開示したくない、という遺された家族や児童・生徒が多いのも事実です。通常の転校生として受け入れた児童・生徒が、過去にどのような体験をしていたのかは、実のところわからないことが多いのだ、ということも知っておくべきでしょう。

4 「死」から「生」へ

子どもが死に曝された学校への危機介入を思い起こすと、事態の大きさに圧倒されて、筆者の気持ちがその現場に戻ってしまう感覚に襲われます。現場での対応には、大きなエネルギーと慎重な配慮、難しい決断がいくつも求められますが、緊急支援には決して正解はないのです。しかもどんなに努力しても、結果がハッピーエンドになることはあり得ません。

個々の介入やその後の支援技法は、おそらくケースによってすべて異なり、また時間経過とともに変化するため、記述できたのはごく一部でしかないと思っています。

しかし、この立ちはだかる大きく重い課題に勇気をもって取り組むとき、それは「死と子ども」からのスタートですが、やがて「生と子ども」に変化するのです。そこまで見届けると、傷ついた子ども自身、さらに仲間の子どもたちの生命力と健康さに敬意を払わずにはいられません。

死は、プライベートでデリケートな問題だけに、学校の管理職のみならず、教職員は一人の児童・生徒の深刻で難しい状況にどう関与するか悩むものです。ただ、そのまま何もされずに放置されると、子どもたちの多くは、数カ月後、ときには数年後に、心身にさまざまな不調をきたしたり不登校などの問題を抱えたりすることを知っておいてほしいもの[8][9]です。

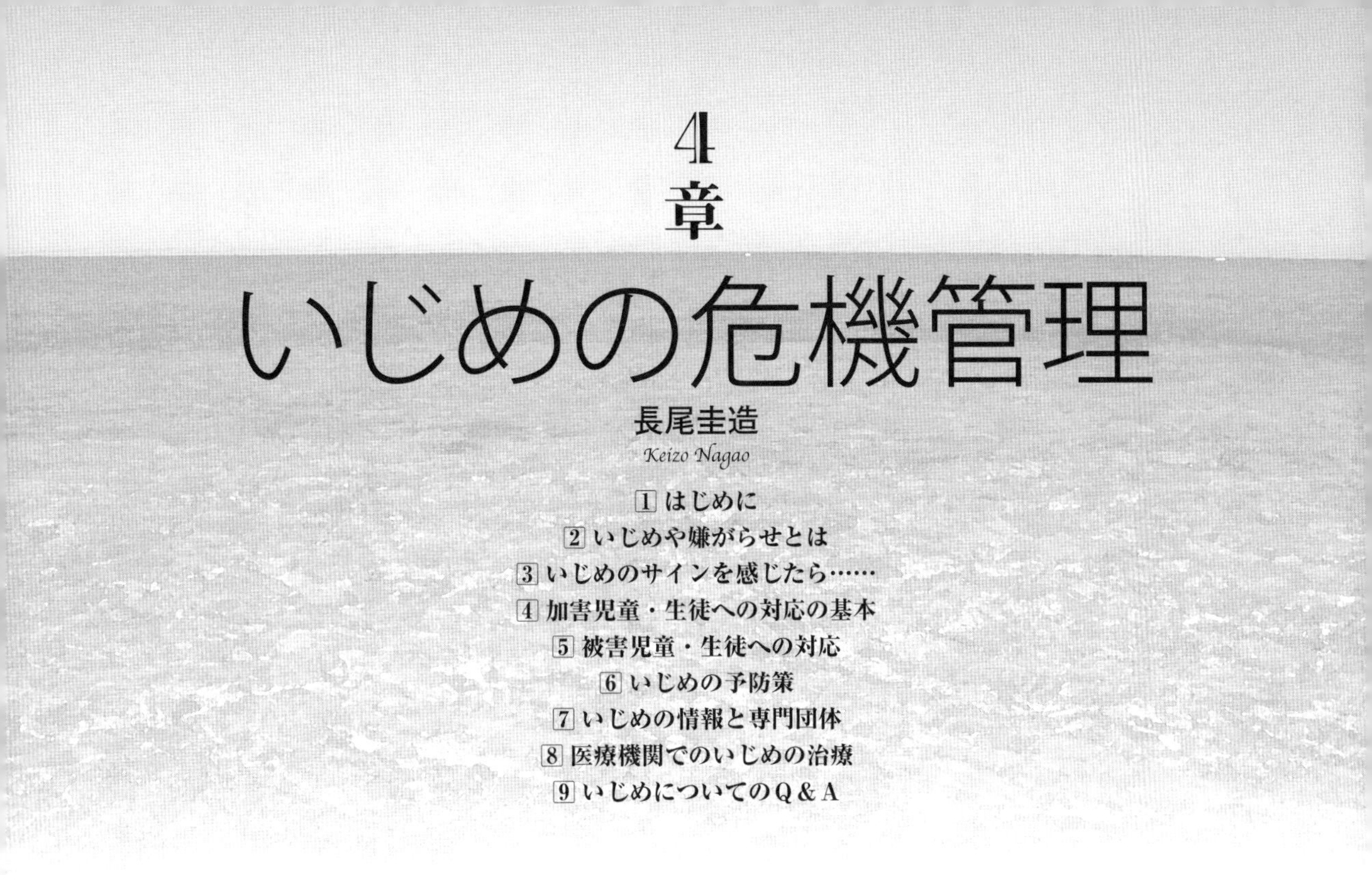

4章 いじめの危機管理

長尾圭造
Keizo Nagao

1 はじめに

どの子どもも、大事にされ、いじめや嫌がらせのない安全で世話の行き届いた環境で学ぶ権利を持っています。

いじめや嫌がらせはしてはいけないことと言われますが、本質はそういうことではありません。いじめの結果、トラウマ体験となり、脳の海馬や偏桃体の体積減少や、海馬の血流減少や脳梁部位全体の機能低下などが起きることが画像検査で示されています[2]。そうなると脳の身体的な傷害を伴いますので、犯罪行為です。

いじめや嫌がらせは隠れてわからないところでおこなわれるので、いじめの事実が把握されていなくても、必ずあると思うことが必要です。また、いじめの防止や予防は可能なので、絶えず予防策を考えることが大切です。予防には学校、クラス、個人、そして家庭といったそれぞれの場所における方法があります。予防策は段階を踏んでいけば誰でも実施できます。

いじめは個人の問題ではなく、学校全体の学習環境に一番の問題があります。予防も含めて、その責任は学校管理者にあると認識しましょう。いじめや嫌がらせがないときは、クラスや子どもの学業成績は上がるものです。

学校がいじめや嫌がらせを予防しないばかりか、気づかないままでいたり、無視したり放置したりしていると、やがて学級崩壊に至ることもあります。子どもは無意識のうちに学校の方針を探り、教師の意向を常に窺《うかが》っているものなのです。いじめを知らせたり報告を生徒がしたりしてきた場合は、その行為を褒めてあげてください。報告することは褒められるべき立派な行為であるという認識を持つことが重要なのです。

「よく自分のつらいことを先生に話した」「言葉にできたことは立派だ」または「よく見過ごさずに他者の重大な出来事を先生に報告しにきた」と伝えてほしいものです。そして、子どもの報告を聞く際には、とやかく理屈を言わずに子どもの気持ちに耳を傾けましょう。さらに対応は迅速におこないます。報告を受けたら、その場でできることに一つは取り組むようにしましょう。

また、いじめには傍観者がいます。傍観者は見て見ぬふりをすることで、いじめや嫌がらせを助長する環境を作り、加害者側に立っていじめを推進しているため、加害者に次いで消極的ないじめ参加者とも考えられます。

2 いじめや嫌がらせとは

いじめや嫌がらせには、子どもが嫌だと思うことや傷つくこと、やめてほしいこと、攻撃的な行動などのすべてが含まれますが、これは「支配－被支配」といった人間関係における病理にもとづいておこなわれるものだと言えるでしょう。そして、子どもにはこのいじめを防止する力がまだ育っていないことがあるので、教育によってその力を引き出す必要があります。

もっとも、いじめは予防していても起こるものです。もし起きたときには、相手に「嫌だ」「やめてほしい」とまずは言うようにと、子どもに伝えてください。しかし、それによって逆にいじめが強化されることも多いのが実情です。だから次に同じことが起きた時には必ず、先生や保護者に打ち明けるように子どもに伝えてください。このときに大事なのは、伝えることは価値ある行為なのだと周囲がみなしていることです。子どもから相談を受けたら、問題解決法の手順に従って対処していきましょう。

ところで、子どもの世界には、自分とは違うものを取り除こうとするような、独特な排除の病理が見られることがあります。これが、いじめや嫌がらせにつながることもあります。

いじめや嫌がらせとひとくちに言っても、いろいろな内容が考えられます。たとえば、蹴る、叩くといった暴力や、落書きをする、相手の持ち物を無理に貸与させること、持ち物を隠したりすること、「キモイ」「死ね」「あっちへ行け」などの汚い言葉を相手に投げつけること、相手が嫌がるような家族に関係する話や個人的な話を相手もしくは他の人のいる前で言うこと、相手が傍を通るとスーっと避けたりわざとらしい視線を投げたりすること、仲間外れにしたり無視したりするなどです。数えあげればきりがないですが、相手に「ブタ」「ブス」「チビ」など嫌がることを言ったり、スカートを覗くようなしぐさをしたり、異性に身体の特徴について言ったり、相手を待ち伏せするなどの性的な嫌がらせもあります。また、これらの行為には、いじめや嫌がらせを「誰にも言うな・しゃべるな」という脅しも含まれてきます。

また、「使役のいじめ」というものもあります。仲間として誘ったり近づいてくるふりをしたりして、万引きをさせたり、誰かに暴力を振るわせたり、お金を出させたり、何かを持ってこさせたり、もしくはそうしないと「お前は仲間ではない」と仲間に入れなかったり「いじめるぞ」などと脅したりするというものです。こうして仲間うちで階級・階層ができ、「支配－被支配」の関係が作られていきます。

さらに、クラスの大勢で、特定の子どもに対していつも同じようにヤジる、仲間外れにするなどの「組織的ないじめ」もあります。これは、クラスが健康状態にはなく、学級崩壊が起きるか起きている状態であることを示すものでしょう。

3 いじめのサインを感じたら……

では、いじめや嫌がらせを受けた子どもは、どのような反応を心や身体に示すようになるでしょうか。当然のことながら身体的にも精神的にも傷つきますし、最初は「何がどうなっているのか」と頭が混乱するでしょう。そして、しばらくは様子を見たり、その事実を誰にも言わずに隠して我慢したりするかもしれませんが、次第に**表4－1**のような症状を出すようになります。

教師（員）には、こうした被害児童・生徒の症状をＳＯＳのサインと感じ取り対応することが求められます。

一方で、加害児童・生徒をいじめや嫌がらせに駆り立たせる原因を考える必要があります。原因はいくつかあると思われます。

たとえば、その行為や言葉が、いじめや嫌がらせにあたるとは思いもよらないといった無知があるでしょう。いじめや嫌がらせは、普通の遊びのなかで起こる乱暴な遊びや言い合い、口喧嘩といったストレスのかかる経験と区別するのが難しいこともあるため、相手にとってその行為がいじめ・嫌がらせになると意識していないこともあります。いじめなどをしてはいけないことはわかっているけれども、非作為的に行動してしまうといった未必の故意も原因になります。また、あまり多くはありませんが、人間関係の作り方が下手で、相手と仲良しになりたいけれども、その方法が未熟で乱暴なために、相手にその真意が正しく伝わらないこともあります。

さらに、加害児童・生徒自身の精神的健康度（メンタルヘルス）が悪く、自分が抱える病理をいじめや嫌がらせの形で発散させている場合もあります。この場合、何らかの家庭や学校でのストレス、本人の心身の状態の悪さなど多くの理由が考えられるので、まずはこれに対処し、解決していかなければなりません。

いずれの場合でも、加害児童・生徒は、いじめや嫌がらせという事態の重さを感じていないことが多いので、放置し続けると、彼らの状態は悪化していくことが予測されます。そのため、適切な時期に加害児童・生徒に対して教育や治療がおこなわれることが必要なのです。

4 加害児童・生徒への対応の基本

では、加害児童・生徒に対応するにあたって、どのようなことに留意すべきでしょうか。その対応は、いじめの内容や程度によって異なってきますが、まずは、彼らの話をきちんと聞くことが大事です。その理由は、第一に、自分のしたことを大人が無視せずに注目しているのだということを彼らに伝えるためです。そして、加害児童・生徒と向き合って、何をしたのか、いつからなのか、それをいじめとわかっていておこなったのか、相手はそのときどうしたのか、相手がどう感じると思ってそれをしたのか、自分のそのときの気持ちはどうだったのか、なぜいじめたのか、それは本当の自分の気持ちだと思うかなどについて、じっくり話し合いましょう。

話し始めると、加害児童・生徒からさまざまな反応が返ってくると思います。そのときに、大人はどのように理解し対応をすればいいでしょうか。

たとえば、「あれは冗談で、たいしたことではない」という返事があるかもしれません。それに対しては、たいしたことでないというのはその人の見方であって、自分がとった言動の意味がわかっていないことや、相手がどう感じるかといった相手の立場への感情移入がないことを

表 4-1　いじめや嫌がらせを受けた子どもの反応

❶呆然自失

何も手につかない、勉強をしない。集中力（根気）の低下。学校にも行けず、休むようになる。

❷侵入的再想起

いつもそのことが頭から離れない。忘れていても相手を見たらすぐに思い出して嫌な気分になる。

❸フラッシュバック

（無意識に）腹が立ち、感情が爆発する。授業中に絵を描くなど好きなことをしていても、感情が爆発してノートを破ったり、鉛筆を折ったり、途中で塗りつぶしたり、ぐちゃぐちゃに書いてしまうなどのパニック状態になる。

❹回　避

相手の顔も見たくないため避けるようになり、一緒に遊ばなくなる。学校へ行きたくなくなる、もしくは行かなくなる。相手のそばを通るだけで、吐き気・頭痛がし、気分が悪くなる。

❺過覚醒・恐怖

そわそわしたり、緊張した感じで、いつもそのことが気になる。眠れない。悪夢をみるようになる。ときに闘いを好んだり、遊びにふけったりする。一心不乱な状態や、意味もなく一人でもの思いにふけって、やりきれない様子を示す。

❻病理の再演

自分がされたことを他者（妹・弟・自分より弱い子）にする。弱い者いじめをする。

❼感情的退行

今までになく甘えるようになる。「これしてもいい？」などと、何でも大人に聞く。親の側を離れない。添い寝をしてほしがる。

❽行動・行為の退行

できることや、今まで普通にしていたことをしなくなる。勉強ができなくなる。塾やクラブ、お稽古ごとをやめる。言葉数が減り、断片的で単語だけの会話が多くなる。

❾うつ症状

気分が沈み落ち込む。悲しくなり、希望や未来を見出せず、うつ状態となる。

❿自責感の出現

相手が悪いにもかかわらず、いじめられるのは自分が悪いからだと思って（自責の念の発生）他者に相談できなくなる。自尊感情が傷つき、生きているのが嫌になったり、苦しくなったりして、死んだほうがましだと自殺を考えるようになる。自分を傷つけ、自損・自殺をおこなおうとする。

理解し、その子どもにわかる言葉でそれを伝えてください。

「ちょっと懲らしめただけ」という返事もあるかもしれません。いじめられた児童・生徒に注意すべき点があったかもしれませんが、加害児童・生徒の思い込みや、コミュニケーションの行き違いがあったのかもしれません。いずれにしても、個人的に相手を懲らしめる資格はないことや、注意するなら注意の仕方があることを理解させる必要があるでしょう。また、相手に気持ちを伝えたいのにそれが上手くできていないのであれば、伝え方について話し合ってもいいでしょう。

「いじめなければ自分もいじめられた」という場合もあるでしょう。もちろん自分もいじめの対象になるかもしれないというのは怖いことですが、勇気を持って、そうならないように友達と話し合う、相手に「止めて」と言う、先生や親などの大人に話すといった対応策を伝えてください。自分が怖いならば他の子も同じように怖いのであり、自分がいじめる側になればその責任は自分にあることをよく考えるように教えてください。

「皆もしていたことがあるから自分もしただけ」というのは、年齢が低いか、知性が低いのかもしれません。人格がまだ未熟な場合には付和雷同してしまうことがあり、さらに被暗示性が強いと、周りの雰囲気にあおられて行動に至ることもあるでしょう。

このようにさまざまな反応が加害児童・生徒から返ってくると思いますが、彼らの言葉の奥にある気持ちに触れながら、その子どもに合わせた対応が望まれます。

5　被害児童・生徒への対応

被害を受けた児童・生徒への対応にも段階があります。最初は、その子どもがいじめで傷つき、それを我慢していたことに共感を示しましょう。そして、その子どもの話を評価せずに、これ以上は何も言うことはないというほど十二分に被害児童・生徒の話を聞きましょう。何があったのか、そのときどう感じたのか、そのほかには何もないのかと、相手が話しやすいようにしてあげましょう。ただし、そのためには常日ごろからその大人が話を聞く姿勢を持っていることと、子どものほうがその大人が話を聞く姿勢を持っていると思っていることが前提になります。日ごろの信頼がないと子どもは口を開きません。また、人間関係について話すことは、子どもにとってなかなか難しいことかもしれません。子どもの面接では、補助的な手段（オープンな質問から限定的な質問へ、濾《ろう》斗《と》法的な聞き方、選択肢法的な答え方）を用いるといいでしょう。

子どもが精神的に大きくダメージを受けていて話すことができず、回復が困難だと思われる場合には、スクールカウンセラーや精神科医などの専門家に相談をしたり、専門家への相談を両親に勧めてください。いじめの被害が大きいときや犯罪行為にあたると判断される場合には、警察や児童相談所に通報する必要もあります。姿勢としては、何事も内部で処理するよりは、オープンにして関係者と連携をとっていくほうが望ましいでしょう。

そして、子どもが「もう学校に行けない」と言ったり、様子が変わってしまって受診したりしているなど、いじめが子どもと学校間だけの問題で収まらない場合は、いじめる側・いじめられる側の双方の家族や、学校、教育委員会、そのほかの関係者が集まり話し合っていくことが必要になることもあります。筆者がかかわったケースですが、当事者の子ども二人（経過中にどちらもトラウマによる症状に対しての治療を実施）、その両親四人、担任、学年主任、校長、教頭、教育委員会、スクールカウンセラーと筆者が、一年以上にわたってかかわり、子どもたちをサポートしたこともあります。

6 いじめの予防策

いじめや嫌がらせが起こる前に、何より予防することが大切でしょう。それが難しいと思われるかもしれませんが、予防対策は実際にあります。スカンジナビア三国やアメリカ、イギリスなど各国でも、いじめに対する取り組みや研究が盛んにおこなわれています。ノルウェーでは国民的関心の下、国をあげて取り組んだところ、いじめは半減したと報告されています[4]。その原則は次の三本柱（**図4-1**）で臨むということです。

その一は、学校全体に行きわたる校長の明確なポリシー（いじめはさせない・許さない）が必要で、そのポリシーを職員だけでなく、児童・生徒にも徹底させること。そしてその具体策は、目の届かない場所と時間をなくすことで、場所は体育館やトイレの裏など、時間は休み時間や移動時間が要注意とされています。

その二は、クラスでの対応として三原則を立てること。三原則とは「①ほかの子をいじめない、②いじめられている生徒を助ける、③容易に置いてきぼりになる生徒を一緒に誘う」ということです。

その三は、個人への対応において、ときには処罰制裁を含めること。いじめる生徒には、処罰と同時に観察と、向社会的行動をとれるように指導がおこなわれます。一方で、いじめられた生徒には面接とカウンセリングで、適切なケアを受けられるようにするというものです。

また筆者は、二〇〇五年にアメリカのコロラド州のダンストン中学校を訪問した際に、そこで全生徒に配布されているいじめ予防・対応のパンフレットを入手しました（**表4-2**、**表4-3**）。そこには簡潔明瞭に予防策の要点が記されており、非常に役立つと思います。日本でも現場に合った形で実施していく必要があるでしょう。

ポリシーの徹底
①いじめはさせない
②いじめを許さない
③目の届かない場所と時間をなくす
三原則の策定
①ほかの子をいじめない
②いじめられている生徒を助ける
③容易に置いてきぼりになる生徒を一緒に誘う
処罰制裁を含めた対応
①いじめる生徒の処罰・観察・指導
②いじめられた生徒のケア

図4-1　いじめ予防の三本柱

表4-2　いじめ予防・対応のパンフレット（Dunstan中学校資料）

アメリカのコロラド州のダンストン中学では2000年からこのプログラムに取り組んでいます。
校長、教頭、担任、養護教諭、スクールカウンセラー、教育委員会は、教室での良い学習環境を作るために、積極的に話し合いをします。

いじめ・嫌がらせをさせないプログラム（みんなに尊敬を）

この積極的取り組みを、なぜするのでしょうか。

○　いじめや嫌がらせに積極的に取り組むのは、生徒に安全で快適な教育環境を提供するためです。
○　生徒がいじめられたときにどうすればいいのかを検討するためです。
○　いじめや嫌がらせがあったとき、生徒が先生にどのように知らせるといいのか、この学校のやり方をお知らせするためです。

いじめや嫌がらせを止めさせる活動・行動とは、以下のことを含みます。

○　いじめや嫌がらせには、どのようなことが含まれるかを話し合ったり決めたりすること。
○　性的な嫌がらせも含まれます。
○　偏見や毛嫌いや偏った行為などの、いじめや嫌がらせも含まれます。
○　からかいや相手をじらせたり、困らせるといったいじめや嫌がらせも含まれます。
○　いじめや嫌がらせを先生などに知らせる方法。
○　知らせたあとのことについて。
○　いじめや嫌がらせが続いたり、逆に増えるとき、どう対応するかについての検討。
○　他の生徒をいじめるとどうなるのか。
○　いじめや嫌がらせを止めたり、減らしたりするための考えられる方法について。
○　警察などの法的な強制力が必要な状況について。

いじめや嫌がらせについては、次のことを振り返りましょう。

○　いじめや嫌がらせを受けた生徒は、「止めて」と言ったか。
○　いじめや嫌がらせを受けた生徒は、それをいじめや嫌がらせと受け止めているか。
○　いじめや嫌がらせをしている生徒の、目的・ねらいは何か。
○　そのいじめや嫌がらせは、身体を傷つけるのか、気持ちを傷つけているのか。
○　それは、いつから、どれくらい続いているか。

生徒は次のことを自分で振り返ろう。

○　同じことを自分がされたり言われたりしたら、自分は傷ついたり、びっくりしたり、混乱したりしないか。
○　もし自分がそんなことをしていることを両親が知ったらびっくりするか。
○　もしこのことを他の生徒の両親が知ったら、びっくりするか。
○　もし学校の先生や誰か大人が知れば、自分が困ることになるかどうか。

もし、答えがイエスなら、その行動はいじめや嫌がらせに当たります。

表4-3　教室・クラブ室・職員室用掲示ポスター（Dunstan中学校資料）

いじめ・嫌がらせとは？

相手にとって嫌な行動・わざとらしい行動・攻撃的な行動など、相手が望まないあらゆる行動を、相手に止めてと言われても止めずに続けること。

先生がいじめや嫌がらせかもしれないと認めれば、まだ相手から「止めて」と言われていないときでも、その生徒はその言動の説明をしなければなりません。

学校でいじめ・嫌がらせがあったときは、どうするか。

1　いじめる生徒に「止めて」と、はっきりと大きな声で、他の生徒に聞こえるように言いましょう。

「寄ってこないでほしい」「構わないでほしい」「いじめないでほしい」
「嫌なことをしないでほしい」「困らせないでほしい」「昨日も、同じことを言ったのに」
※このとき、誰と誰がどうしたとか、相手への悪口や言い返しなど、余分なことは言わないようにしましょう。

2　いじめ・嫌がらせが続く場合は、誰かに知らせよう。

両親、先生、保健の先生（養護教諭）、スクールカウンセラー、校長、教頭、教育委員会など、あなたにとって信用のできる大人に本当のことを伝えましょう。

話を聞いた先生は、他の生徒にいじめの行為や出来事について話します。先生は、もしいじめがそれでも続く場合、どうなるかも話してくれるでしょう。

3　もしいじめが止まない場合には、もう一度知らせましょう。

先生が対応してもいじめが止まない場合には、あきらめずにもう一度両親や周囲の大人に話してください。教育委員会、校長、教頭などもかかわることになります。

表 4-4　いじめの情報と専門団体

● 子どもの人権・安全ステーション

「解決しよう !! 子どものいじめ」（竹川、2005）[1] という内容がよくまとまったパンフレットを発行しています。

● 日本子どものための委員会（NPO 法人 CFCJ）

キレない子どもを育てるためのセカンド・ステップという方法を取り入れ、普及活動をしています。この団体の本部はアメリカの Committee for children といい、「Step to respect」といういじめ防止プログラムを発行しています。

● 国際理解教育センター（略称 ERIC）

子どもの教育者・指導者に必要な専門的指導用の資料や教材、図書、翻訳本、開発教材を揃えています。

● いじめ撲滅ネットワーク事務局

いじめに関するまとまった情報を提供しています。

7 いじめの情報と専門団体

「いじめ　予防」というキーワードでウェブ検索をすると、一六四万件がヒットしました。それに「対応　治療」というキーワードを加えても四〇・二万件におよびます。海外を含めてウェブ検索すると、「いじめ（bullying）　予防（prevention）」で五九七万件、「介入（intervention）　治療（treatment）」のキーワードを加えても八三万件がヒットしました。まさに、「いじめ」は世界中の関心事なのです。インターネット上で、いじめに関する情報を収集することができます。即座に利用・閲覧できるこういった情報（**表4－4**）も役立つでしょう。

8 医療機関でのいじめの治療

いじめを主訴に受診する児童・生徒が増えています。地域の医療機関に患者として子どもが現れたとき、どのように対応したらいいでしょうか。筆者の実践しているいじめの治療原則を**表4－5**に示します。

9 いじめについてのQ＆A

Q いじめている子へのフォローはどうしたらいいのでしょうか。（教師）

表 4-5　医療機関でのいじめの治療

❶いじめについての聞き出し

最初からいろいろ話してくれるとは限りません。人間関係に関することだけに上手く言えない場合も多いので、何度かにわけて、出来事全体を一つのまとまった話になるよう（フル・ストーリ・テリング）にしていきます。

❷症状の評価

うつ症状や希死念慮の有無、トラウマによる PTSD 症状と、その他の症状や被害についての評価をおこないます。この評価により、その子どもが登校できる状態かどうかを判断します。危険を見逃さないように正確に評価をおこなわなければなりません。

❸自尊感情の評価の実施

クーパースミス（Coopersmith）の 50 項目による評価をおこないます。その分析結果をもとに、自尊感情を高める治療をおこないます。

❹オリエンテーション

全般的な治療指針の説明と、個人的な復帰目標設定（当面の目標、クラス、クラブ、進路、人生の設定を含む）をおこないます。

❺模擬裁判の実施

前述のフル・ストーリ・テリングとリベンジに有効です。これができない子どもは、治療が長引きやすいことがわかっています(3)。

❻いじめメカニズムの説明

今回の出来事のメカニズムを説明し、新たな別の認知の仕方を導きます。

❼心理社会的背景の説明

現代の欲求エネルギーの視点からいじめの意味を説明したり、その学校・地域の価値観や理想的な取り組みのあり方について説明します（主に保護者に対しておこなうと有効です）。

❽今後の対人関係のあり方についての考察

学校関係にとどまれないこともあるため、同年代との横型人間社会が難しい場合は、縦型人間社会のほうが良いことなども、子どもと考えます。

❾環境療法（Milieu therapy）

教育委員会、学校、学年、クラスでの対応と、担任との面談をおこないます。先の予防策について関係団体の努力、協力の程度を把握し、本人や保護者にも伝えます。

❿薬物療法

トラウマとうつに対しては、重症度や必要に応じて処方することがあります。

Ⓐ　いじめている子へのフォローも大事です。先にも述べたように、加害児には加害児の精神病理（問題点）があります。したがってそれを明らかにして、治してあげることが必要になります。治療法はその原因によりますが、家族内でのストレスが強い場合には家族の病理を治すことが求められるでしょう。子どもが躁《そう》状態の場合もあります。そのときは、躁状態を治療することから始めます。

Q　いじめるほうも悪いけど、いじめられるほうにも問題がありませんか。（教師）

Ⓐ　いじめられるほうに問題はありません。しかし、まったくないかと言われると、人間関係から生じたことですから、たしかに何らかの力関係ややり取りといった関係性はあります。しかしそれは、交通事故で歩行者に責任がまったくないかと問うのと同じで、横断歩道を歩いていること自体が悪いと言われれば反論のしようがありません。

Q　いじめられて教室に入れなくなったのに、いじめた子どもは教室に入って何食わぬ顔で学校生活を送っていることに納得いきません。（両親）

Ⓐ　そうですね。いじめた子には、再発防止の面からも、いじめとはどのようなことなのかについて教え理解させる必要があると思います。

Q　中学校の娘がクラスで仲間から無視されているようです。リーダー格の子の指示で、グループの子が何日も口をきいてくれないそうです。担任の先生に相談したいのですが、娘は黙っていてほしいと言います。どうしたらよいでしょうか。（両親）

Ⓐ　お子さんの黙っていてほしい気持ちはわからないではありません。もし親が黙っていても、お子さんが解決の方法を考えているようであれば、それを聞いてあげてください。もし特に方策を考えているわけでもなく、ただ我慢しようとしているのであれば、それは逆効果であり正攻法で問題解決をすべきだとお子さんに教えるほうが良いでしょう。そして、ただ先生に相談させるだけでは、かえって子どもを追い詰めることになりかねませんから、問題解決ができるように、最初から最後まで見届けてあげる必要があります。

Q　いじめを止めさせるには、どうしたらいいでしょうか。（教師）

Ⓐ　いじめという行為の意味を、まずは教えるべきでしょう。また、いじめる背景には、いじめる子自身の病理（精神的な問題点）があると思われます。それを理解し、相談にのりながら、いじめる子自身が解決していけるようにかかわることが望まれます。いじめを指摘したり注意したりするだけなら、やらないほうがよいでしょう。

Q　いじめられて、クラスにはもういたくありませんが、親や先生には頑張ってクラスに行くようにと言われます。自分でも授業が受けられないのは嫌だし、クラスには行かなければと思いますが、どうしてもクラスに入れないのです。どうしたらいいのでしょうか。（本人）

Ⓐ　学校は我慢大会の場ではありませんから、無理なのであればクラスに入ることだけを目指さず、他の方法を考えてもよいと思います。児童・生徒は誰からもいじめられることなく、安全に教育を受ける権利が

あり、それを先生や親は保障する義務があります。ですので、学校関係者から権利を保障するという言質《げんち》を取ってからの我慢なら、意味があるかもしれません。

Q いろいろなことを気にしないようにしたいと思っても、気になります。どうしたらいいのでしょうか。（本人）

Ⓐ「気になる」のは再想起というトラウマの症状です。トラウマによって出る当然の症状です。ですので、トラウマ解決と同じ方法で、解消に向けて取り組みましょう。

Q 子どもから、クラスでいじめがあると聞きました。誰に相談したら良いでしょうか。（両親）

Ⓐ お子さんが相談できそうな人になら、誰でもいいと思います。ここでいう相談とは、対処・解決能力のある人のことです。そして問題を解決するために、その人と共に関係者全員に対して行動を開始するよう、お子さんに伝えてください。

Q 自分がひどいことを言われたので、頭にきて言い返したただけなのに、それを先生に注意されました。自分は悪くないのに。（本人）

Ⓐ 注意の内容によりますが、ひどいことを言われたときには、「そう言われて、嫌な気分だ」などと自分の気持ちを相手に言い返すことに遠慮しなくてもよいと思います。もし伝えることが難しければ、基本的には相手に言い返さず、出来事の経緯を詳しく担任の先生に話しましょう。

Q 携帯のサイトに子どもの悪口が書かれています。そのサイトを規制する方法はないのでしょうか。また、携帯のチェーンメールで悪口が流されている場合はどうしたらいいでしょうか。（両親）

Ⓐ 悪口を書かれて、「目には目を、歯には歯を」とやり返しても解決にはなりません。やはり出来事を信頼のできる大人（先生・カウンセラーなど）や警察などに相談して検討策を考えましょう。

Q 子どもが「悪口をブログに書かれた」と言っているのですが、自作自演の疑いがあるときは、どのように対応したらいいでしょうか。（教師）

Ⓐ 本当に自作自演でしたら、嘘をつかなければならなかった理由や背景を明らかにしなければなりません。この場合は、専門家に相談するのがよいでしょう。

Q うちの子が学校でいじめられたと言っているので担任に指導をお願いしましたが、いじめはいっこうになくならないようです。学校にどういう対応を求めたらいいのでしょうか。学校は当てにならないので教育委員会に訴えようとも思っています。（両親）

Ⓐ 相手が信頼できないのでしたら、訴える先は校長、教育委員会のどちらでもいいです。子どもは学校を休ませて保護者が対応したほうがいいでしょう。場合によっては弁護士や警察への相談も効果があります。

5章 不登校

松浦 正一
Shoichi Matsuura

本章は、不登校に対する保護者や教師の理解と取り組みを促すために書かれています。

1 子どもが学校へ行かなくなった

子どもが「学校に行きたくない」と言ったら、保護者や教師の立場のあなたはどうしますか。

子どもが「学校に行きたくない」とはっきり言葉にしなくても、家を出る時間になると頭痛や腹痛など体調不良を訴えます。また、表情が曇り、身動きが取れなくなっている。そんなところを励ましなだめて、ようやく送り出したかと思えば家に戻ってきたりします。そんなとき、あなたはどうすればいいのでしょうか。

学校へ行かなくなった子どもの保護者にお会いすると、多くの方が、「まさかうちの子が」「どうしてうちの子が」と戸惑われています。「学校でいじめがあったのではないか」「自分の子育ての仕方が悪かったのではないか」などと不登校の原因を必死に探索します。やがて、原因が見つからず、子どもや自分の将来がすべて終わってしまったかのような絶望的な表情で、スクールカウンセラーや教育相談に訪れる保護者の方もいらっしゃいます。

子どもが学校へ行かないという状態は、子どもが何らかの危機状態にあることの現れです。さらに、保護者も同様に危機状態に陥っているのではないでしょうか。人間が危機状態の真っただなかにあるとき、冷静さを失い適切な判断ができず、さらなる危機を呼び込むことになってしまいます。まず、子どもが学校へ行かない（行きたくても行けないという意味も含みます）状態について知り、その予防や対応について考えていきましょう。

2 不登校を知る

1. 誰にでも起こり得る危機「不登校」

【相談事例1】
子どもが不登校になりました。夫（父親）から「子どもが不登校になったのは、母親の育て方が悪いから怠け癖がついたのだ」と言われました。そう言われると思い当たることがないわけではありません。「どうしてうちの子が」という思いで頭がいっぱいです。

保護者としては、学校へ行けない（行かない）原因を「育て方」や「しつけ」のせいにされると、思い当たる節が一つや二つはあるものです。一方で、カウンセリングに連れてこられた不登校の子どもに「ご両親に何て言われてここにきたの?」とたずねたら、「心が弱いから学校に行けなくなっている。心を強くする方法を教えてもらってこい、と言われた」と、原因を子どもの心の弱さに一方的に押しつけてしまっている場合も珍しくありません。

不登校は、保護者のせいでも、教師のせいでも、本人のせいでもありません。

皆のせいと考える方法もありますが、原因探しは効果的な問題解決方法ではないことが多いのです。たしかに、親のものの見方や考え方などは、子どもの現在、未来に大きく影響します。ですから、親がものの見方や考え方、子どもへのかかわり方などを変えることが、子どもの行動変容の誘い水になることがあります。だからこそ「育て方」や「しつけ」について責任の追求をしたり、罪悪感や自責の感情を持ってしまうのだと思われます。

しかし、現在では不登校の原因が子どもや家庭だけに原因があるとする考え方から、学校や社会にも原因があるという考え方へと大きく変化してきています。

文部科学省（以下、文科省）は、**表5-1**のように不登校のタイプを分類しています[7]。近年は「複合型（複合的な理由によりいずれの理由が主であるか決めがたい）」の割合が増え、不登校の要因や背景が複雑化、多様化していることが指摘されています。つまり、学校に行かなくなった（行けなくなった）ことについて原因追求をしても、その原因がわかりにくくなっているのです。

ただし、原因、あるいは障害になっているものを特定でき、それを取り除けば登校できる場合もあります。たとえば、いじめや発達障害（LD、ADHD、高機能自閉症、アスペルガー障害など）による不登校では、原因や障害を取り除く、あるいは環境を調整することで登校できるようになることもあります（いじめについては、4章を参照）。

近年、知的な遅れはないのですが、社会性や認知などに偏りのある、いわゆる軽度発達障害を含め発達障害については、不登校との関連が注目されはじめています。発達障害によって学校生活で苦戦を強いられている子どもが多くいるからです。たとえば、コミュニケーション能力が乏しく友達関係を維持していくのが難しかったり、トラブルが頻発するために教師から注意を受けることが多くなって自尊心が低下したり、学習のつまずきが多いことで自信や意欲が低下するなど、こうしたことが積み重なることで不登校になることがあるのではないでしょうか。このような場合には、環境の調整によって子どもの生きにくさを取り除き、本来持ち合わせている成長の力を発揮していくことにつながると考えられています。

近年、深刻さが増している虐待にまつわる不登校ついては、保護者

表 5-1 不登校のタイプ分類と特徴

不登校の状態像は、子どもによって百人百様です。ですから、分類は一つの目安でしかありません。また、どの不登校にもぴったりあてはまるというものでもありません。

それなのに、なぜ、タイプに分類するのかというと、対応を考えるヒントにするためです。つまり、不登校になった原因を推測し、①子どもが援助してもらいたいこと、②学校、担任ができること、③保護者としてできること、④子どもができること、を考えていくことが大切なのです。

❶学校生活に起因する型

いやがらせをする子どもの存在や、教職員との人間関係等、明らかにそれと理解できる学校生活上の影響から登校しない（できない）タイプです。学業不振やいじめを含む友人関係のトラブル、教職員との信頼関係の問題、入学、進級時や部活動での不適応などが原因として考えられます。

❷遊び・非行型

遊ぶためや非行グループに入ったりして登校しないタイプです。無断欠席や遅刻、早退などを繰り返し、交流しているグループの影響が強く、周囲の大人の言うことを聞かないこともあり、対応に苦慮します。学校、家庭、関係機関などが連携して対応することが求められます。

❸無気力型

無気力でなんとなく登校しない。登校しないことへの罪悪感が少なく、迎えに行ったり強く催促したりすると登校するが、長続きしないタイプです。各発達段階での体験が偏っていたり、十分でなかったりして、生活体験が未熟なことが原因として考えられます。

❹不安など情緒的混乱の型

登校の意思はあるが身体の不調を訴えて登校できない、漠然とした不安を訴えて登校しない等、不安を中心とした情緒的な混乱によって登校しない（できない）タイプです。成長・発達の過程に本質的な問題を含んでいる場合が多く見られます。

❺意図的な拒否の型

学校に行く意義を認めず、自分の好きな方向を選んで登校しないタイプです。周囲の大人の考えに影響されている場合もあります。

❻複合型

不登校状態が継続している理由が複合していて、いずれが主にあるか決めがたいタイプです。

が学校に行かせないという事例も多く見られます。ネグレクト（養育拒否）と呼ばれるものです（虐待については、6章参照）。

さて、文部省（当時）は、「不登校は、特定の子どもに特有の問題があることによって起こるという固定的な概念で捉えるのではなく、＜誰にでも起こりうる＞ものとなっている」[6]（平成四年報告）と提言し、不登校についての捉え直しをおこないました。この「不登校は（中略）＜誰にでも起こりうる＞もの」という言葉を言い換えると、「不登校は誰にでも起こり得る危機」と言えるのではないでしょうか。

人間は理屈ではわかっていても、「危機は自分には起こらない」と過信しているのです。ですから、危機に陥るとは、こうした油断や危機に対する準備ができていないことから生じます。不安をあおるわけではありませんが、中学生では三十六人に一人が不登校になるそうです[5]。つまり、一クラスに一人くらいは不登校になる生徒がいるということになります。

不登校児童・生徒は平成十三年度をピークにして減少傾向にありますが、大幅な減少に結びついていないのが現状です。したがって、現在でも「不登校は誰にでも起こり得る危機」であると言えるのです。

2. いつからが不登校なのか

【相談事例2】

子どもが学校へ行くのを渋ります。休ませたほうが良い気がする一方で、いったん休ませてしまうと、ズルズルと休みが続いてしまうのではないかと心配です。無理矢理行かせて良いのでしょうか。不登校にさせないために休ませて良いのは何日くらいでしょうか。

学校へ行かない（行けない）子どもは、どの時点から「不登校」と言われてしまうのでしょうか。

文科省の「学校基本調査」および「児童生徒の問題行動等生徒指導上の諸問題に関する調査」においては、「不登校児童生徒」を「何らかの心理的、情緒的、身体的あるいは社会的要因・背景により、登校しないあるいはしたくともできない状況にあるために年間三十日以上欠席した者のうち、病気や経済的な理由による者を除いたもの」と定義しています。少々乱暴な言い方になりますが、病気や経済的な理由以外で年間三十日以上欠席すると「不登校」になるわけです。言い換えれば欠席日数が三十日未満の場合には「不登校」とは言えないのです。

とはいえ、休みが続くと学校へ行きづらくなるのではないかという懸念を大人が抱いたり、「休み癖」がつくのではないかと心配するのは当然のことでしょう。最近では、一カ月に三日の欠席があった場合に、何らかの不登校のサインとみなし、対応していくことで不登校を減らした実践例があります[2]。

次節でも取りあげますが、早期に子どものSOSに気づき、対応していくことが不登校の予防にもつながります。一カ月で三日の欠席は、子どもの苦戦を示す目安になると思われます。

3. 学校に行かなく（行けなく）なったら

【相談事例3】

子どもが不登校になったときには、どこへ相談に行けば良いのでしょうか。また、子どもを相談に連れて行く場合に、気をつけなければいけないことはどんなことでしょうか。

子どものことで悩んでいるときに、どこに相談すれば良いのか、戸惑うことが多いものです。

学校の先生に相談するのも一つの方法ですが，学校内であれば担任以外に学年主任や教頭，校長先生に相談にのってもらうことは可能です。また，養護教諭やスクールカウンセラーにも相談できます。

子どもの通っている学校の関係者以外の人に相談したいという場合は，地方自治体のなかに教育相談センターあるいは教育研究所という相談機関がありますから，そこに相談するのが良いでしょう。電話相談もありますから気軽に相談できますし，場合によっては適切な相談機関を紹介してくれたりもします。

相談に行く場合，「子ども本人を連れてきてほしい」と言われることが多くあります。すんなり子どもを連れて行けるのは小学校中学年くらいまでです。思春期以降は，本人が行く気になることのほうがまれになります。子どもをだましたり，ごまかしたりして連れて行っても，親子の関係が悪くなるだけなので，そのようなやり方は避けたいものです。本人に行く気がなければ，まず保護者だけで相談に行き，子どもを連れてきてほしいと言われれば，どのように誘いかければ良いのかを相談すれば良いのです。

また，どういう理由で子どもが相談へ行くのを嫌がっているのか，ということを丁寧に聞くことも大切です。「自分は不登校ではない」「知らない人に何を話していいかわからない」「そんなところは頭のおかしい人が行くところだ」など，何かしら子どもの言い分があるものです。それを否定して説得をしようとせず，まずは黙って聞いてあげましょう。そして，そのように思うのはもっともだと，子どもの言うことを認めてあげましょう。場合によっては，「どんなところでどんな人がいるのか，まず，私が見に行ってくるね」と子どもに言って，相談に出向いてみてはどうでしょうか。嘘をつかず，無理強いすることなく子どもに接することがポイントです。

また，学校に行かない（行けない）子どもの多くは，「腫れ物に触るよう」な扱いをされることにとても敏感です。ですから，できるだけ普段と変わらず，しかし配慮しながら対応していくことが大切です。

3　子どもの心の声

1. 子どものＳＯＳ

私たち大人は，疲れているときや不安や心配事があるとき，自分で判断して会社を遅刻や早退したり，ときに休んだりします。子どもの場合は，保護者の判断が必要です。しかし，子ども自身が学校の遅刻や早退，欠席の判断をしてもよいはずです。不登校の場合，無意識にそれをおこなっています。ただ子どもは学校には行かなければならないという気持ちが大きいので、学校へ行かない（行けない）ことへの罪悪感や自己卑下の感情はとても大きいものになります。それゆえ，子どもが学校に行きたくない（行けない）と言ったり態度で示したりするときは，それを子どものＳＯＳと捉えて冷静に対応することが必要になってきます。

子どもの不登校を子どもと乗り越えていく過程で，保護者や教師が変化していくことがよくあります。それは，子どもに向き合い家族で支え合うことで，子どもや保護者自身，家族の問題，自分の生き方や子育てを見直すチャンスになるからではないでしょうか。また，教師の場合は学校教育というものや教師観，子ども観を見直すチャンスになります。子ども自身にとっても，さらなる成長へのチャンスになるかもしれません。

ともあれ，子どもが学校へ行きたくない（行けない）という危機状態を早めにキャッチして，何とかしてあげたいものです。そのためには身近な大人が子どものＳＯＳに気づくことが必要です。

表 5-2　家庭での SOS

❶ 朝、なかなか起きてこない。

❷ 朝食のときに表情が暗かったり、食欲がない。

❸ 登校時間になると頭痛や腹痛、発熱などがある。

❹ 学校や友達の話をしなくなった。友達と遊ばなくなった。

❺ 学校の話をすると不機嫌になる。

❻ 部屋に引きこもりがちになる。

❼ テレビゲームに熱中したり、深夜テレビを見るようになり夜更かしが多くなる。

❽ 寝つけなかったり、夜中に目がさめたりして、眠りが浅い。

2. 家庭でのＳＯＳ

子どもが家庭で見せるＳＯＳとしては**表５－２**のようなものが考えられます。

子どもの心身の不調は、まず睡眠に現れやすいようです。寝つきが悪くなったり、夜中に目覚めてしまったり、睡眠時間は十分とっているのに寝た気がしなくなったりします。そうすると疲れがとれにくく、体調がすぐれない状態になります。また、自律神経系の不具合が身体症状へと現れます。思考についても、前向きな考えができなくなり、否定的な感情や無力感を持つようになって家族と話をしなくなったり、自分の部屋に引きこもったりしがちになります。また、テレビゲームなどの娯楽にはまりこんでしまうのは、ストレス解消の手段以外に不登校から目をそらしたいからかもしれません。

3. 学校でのＳＯＳ

学校で見られる、子どものＳＯＳとしては**表５－３**のようなものが考えられます。

学校では、子どもが心身の不調を訴えることが多く見られます。それゆえ、養護教諭が子どものＳＯＳに気づくこともまれではありません。保健室など教室以外の場所で見られる子どもたちの様子や、そこからもたらされる情報は、学級では見えなかったり、得ることのできない貴重な情報であったりします。

4. ＳＯＳに気づいたら

子どもがＳＯＳを発しているときの対応のコツは、子どもの発達段階

表 5-3　学校での SOS

❶ 頭痛や腹痛、発熱などの理由で休みが長引くようになり、またそれを繰り返すようになる。

❷ 遅刻や早退が目立つようになる。

❸ 体の不調を訴え、保健室に行くことが多くなる。

❹ 休み時間に一人で過ごすことが多くなる。

❺ ふさぎがちになり、友達とも遊ばなくなる。

❻ 無気力になったり、投げやりな態度になったりする。

❼ 休み明け（月曜日など）や特定の教科のある日に休む傾向がある。

にあわせ、また子どもの抱えている課題にあわせて対応していくことです。子どもの発達課題に関しては、**表5－4**のとおりです。

① **子どもの話を聞きましょう**

さて、子どものSOSに気づいたら、大人は子どもの気持ちを聞いてあげるとともに、子どもが感じているのと同じように感じながら、一緒にそのことを考えていく姿勢を示すようにしてください。子どもは安心と安全を感じ取ることができれば、悩みや苦戦していることを語らなくても、それを乗り越える力を得ることがあります。

② **身体症状が出ている場合には、まず病院へ行くようにしましょう**

何でも心の問題にしないように気をつけます。登校の前後に具合が悪くなるようなときには無理をさせないようにして、病院へ行くようにしましょう。そして体調が良くなったら、子どもが行きやすい場所（保健室など）へ登校するように促しても良いでしょう。一人で登校するのが不安である場合には、保護者が一緒に登校してあげることも有効な支援になります。子ども自身もそうなのですが、登校時間（みんなと同じ時間に登校しなければならない）や登校場所（教室に入らなければならない）にこだわらず、学校のなかの安全で安心できる場所への登校を勧めてみるのが良いでしょう。

③ **保護者も教師も双方で連携して対応するようにしましょう**

お互いに信頼し、情報交換をしながら、ものごとを即断しない姿勢が大切です。特に教師は保護者に対応するにあたっては、誠実に保護者の訴えに耳を傾けることが求められます。なぜならば、子どもが学校へ行かなくなった（行けなくなった）ことで、保護者は不安で混乱していることが多いからです。また、この訴えのなかに子どもの抱えている課題や問題解決の重要な手がかりが隠されている可能性があるからです。

表 5-4　子どもの発達課題（鳥取県不登校対策委員会，2001）[4]

（鳥取県　教職員資料「あした、また学校で」抜粋）

発達段階	乳児期	幼児期	小学校低学年まで	思春期
発達課題	信頼感	自律性	自主性	自発性と自己同一性
課題達成	子どもの基本的な欲求を父母・祖父母に受け止めてもらい、安心感・信頼感が獲得されます。 これらが、将来、希望をもって物事に取り組む人間の基礎となります。	自律感は成功体験と失敗体験の両方があって獲得されるものです。 子どもの興味・関心・意欲を大切にするとともに、良い・悪いの判断力を育てます。自律性は意志の力と思いやりの基礎になります。	親離れをし、仲間との接触を通して様々なことを学びます。 好奇心からやる気が育ち、積極的な意欲のもととなります。	急激に身体が変化し、不安になり、友人を強く意識しながら自分を見つめ出します。 自己同一性が獲得されると、自分の個性や能力に目覚め、人間関係のなかで自分らしさを確立しようとします。
課題達成できない場合	安心感が持てないと周りの大人に気を遣い、安心した関係を持てず、気疲れする傾向を生み出します。	成功体験のみで育つと、思うようにならないときにいらいらしたり、逃避したりする自己中心的な傾向を生み出します。 失敗経験のみで育つと劣等感を身につけ、自信が持てない傾向を生み出します。	家族の過干渉、過保護、放任的な態度は、子どもが自分の感情や意志を自由に表明することにブレーキをかけ、親の決めた通りにすれば安全であると学んでしまいます。	自己同一性（自分らしさ）が確立していないと「自己拡散」を起こし、場合によっては、ノイローゼになったり反社会的な行動に走ったりすることもあります。

教師が保護者の話を誠実に聞くことで、子どもの家庭での様子や親子関係、保護者の教育観、子どもへのかかわり方がわかってきます。また、子どもが学校や教師、友達をどのように見て、感じているのか、という情報を得ることもできます。このような情報を得ずに教師の考えを保護者に押しつけてしまうと、その途端に関係が崩れ、信頼が不信感へと変わってしまうことが見られます。

同様に保護者も教師を信頼することが求められます。子どもの前で教師への不信を語れば、子どもにも影響が及びます。双方の信頼と協力が子どもの心の安定につながります。

両者が子どものために懸命に努力しているにもかかわらず、大人同士が背を向けあうような事態になってしまうことはまさに悲劇です。

家庭内（両親など）や学校内（教師間）でも、子どもの状態について情報を共有し、対応を考えることが必要です。多くの大人が子どもの苦戦している状況を知り、役割を決めてかかわりながら、ときとして見守り、情報を取り交わしていると、そのようなかかわりが子どもの考え方や行動を変化させる誘い水になることがあります。

多くの大人が子どもの苦戦している状況にかかわることで、子どもの状態像を多面的に捉えられることになり、情報を共有することで問題意識が一つに統合され、課題解決のための糸口を考え出すヒントになるかもしれません。

4　学校へ行きなさい！

1. 学校って行かなきゃいけないの？

皆さんは「積極的な不登校」という言葉をご存じでしょうか。

学校へ行かないことを積極的に選択することをこのような名称で呼ぶことがあります。学校へ行かないことを積極的に選択する子どもやその親が、義務教育とは学校へ行くことが「義務」なのではなく「権利」であると述べることがあります。筆者は、この言葉を耳にしたときに大きな衝撃を受けました。つまり、学校が子どもにとって「行かねばならないところ」ではなく、「行かせてもらえるところ」であるということなのです。

たしかに義務教育制度は、国や保護者が就学義務を負い、子どもたちに教育の機会均等などを保証するところから始まっているので、長い学校教育制度の歴史のなかで子どもにとっての「権利」が「義務」へと変化していったとも言えるでしょう。

こうした変遷を眺めてみると「不登校」という現象は、子どもたちの修学制度のあり方をもう一度考え直す機会を与えてくれているのかもしれません。学校とは行かねばならない場所なのではなく、行かせてもらえる場所の一つであり、誤解を恐れずに述べるなら、それを選択するのは子ども自身なのです。

しかし、未成年の子どもたちの認識や判断は、多くは未成熟であり誤りやすく、ある程度は大人が選択の手助けをすることが必要です。また、学校へ行くという道は多くの子どもがたどるので、自分に、あるいは子どもに合っているかどうかなど、多くのことを考えずに済みます。そのような意味では楽をしているとも言えます。しかし、子どもが学校へ行かない（行けない）となる、と話が変わってきます。

2. 登校への働きかけと見守ること

登校することを第一に考えるとなると、登校への働きかけを誰がどのようにおこなっていくのかが大変重要な問題になってきます。

小学生であれば、保護者がなだめすかし、さらに教師の協力も得ながら登校に至るケースは多いように感じます。しかし、中学生以上には大人の説得が通用しなくなります。「いまさら、首に縄をつけて引っ張ってくるわけにもいかなくて」という言葉が保護者の口から多く出てきます。そうなってくると「本人が動き出すまで見守る」という対応が出てきます。このような対応の方向転換が色濃く示されたのが、先に記した文部省の「平成四年報告[6]」です。

この報告が出されるまでは、子どもが学校へ行かなくなる（行けなくなる）のは、保護者の養育態度に問題があるとか、子どもの性格的な問題（怠け、回避、甘え）であるとされ、登校を強制させていました。しかし、そのような対応が子どもの心を深く傷つけ、保護者の無力感が強まったり、子どもも保護者も罪責感にさいなまれるため、本人が動き出すまで見守るという対応策も取り入れてみてはどうか、ということになりました。そして、対応策の一つに見守ることが組み込まれたのです。

さて、登校への働きかけをして良い場合はどういうときでしょうか。まず、子どもの情緒が安定していることが求められます。たとえば、家庭訪問にきた教師に会うことができる、外出できる、学校の友達と話したり遊んだりできる、そうしていても情緒的に不安定にならないということであれば、おおむね大丈夫であると考えられます。

逆に、学校に関する話題になると表情が曇ったり、態度が固くなったり、情緒が不安定になったり、教師が家庭訪問しても会おうとしないのであれば、登校への働きかけを慎重に判断する必要があります。

身体症状が出ているときや生活習慣が昼夜逆転しているときも登校への働きかけを慎重におこなう必要があります。

3. 子どもの身になる

登校への働きかけをするかどうかについて子どもの状態像から判断してきましたが、本来は子どもがどうしてほしいのか、どうしたいのかを聞いていくことも一つの方法と考えられます。大人は自分の思いを子どもに押しつけがちです。子どもの立場からものごとを捉え直してみるということも必要です。

いくつか大人から見るとだらしのない生活を送っているように思えるものを、子どもの視点で考えてみます。

① 昼夜逆転

不登校になると基本的な生活習慣が乱れはじめ、昼夜逆転の生活に陥りがちです。子どもが不登校になると、必ずといっていいほど昼夜逆転が出てきます。このような生活ぶりは、親から見るとダラダラした生活と感じてしまいますが、子どもの側から考えると、それなりの理由があるものです。たとえば、日中寝ていれば人目を気にせず済みます。

② ゲームとインターネット

ゲームやインターネットは昼夜逆転と関連があります。これらは、はじめから興味や関心があって始めることはあまりないと思われます。むしろ、時間潰し的にやっていることが多いようです。現在はインターネットによるオンラインゲームも普及しているため、昼夜を問わずゲームができる状況にもあります。

ただ、初めは時間潰しでやっていたゲームやインターネットでも、それに段々とはまりこんでいくということはあります。不登校の子どもは人とのコミュニケーションで傷ついたり、自信がもてなかったり、もともと人との関係に関心が薄かったりします。

インターネットの世界では、匿名性が保たれ、傷つきそうになれば、その場から離れることができます。オンラインゲームなどの場合は、同じことに関心をもつ人びとと楽しい出会いやコミュニケーションを楽しむことができます。現実離れした仮想空間では、自分が万能に思えるかもしれません。

ただ、そこにはまりこむほど、現実世界から離れていき、情報や知識、忍耐力、体力などの生きる力が損なわれていきます。したがって、インターネットやオンラインゲームなどは保護者がある程度の制限をすることが望ましいでしょう。

最近は「学校裏サイト」や携帯電話で簡単に開ける「ブログ」や「プロフ」などが、いじめの温床となったりします。これらについて教師が定期的にチェックするだけでなく、保護者もそれらについて知り、子どもへの注意を怠らないようにしたいものです。

5 学ぶとは、生きる力とは

1. 子どもが安心できる居場所、自信をもてる居場所

まず、親は、子どもにとって安全で安心できる場所を作ってあげます。そこを足がかりにして、その場所を拡げていくようなかかわりが大切です。たとえば、はじめはお母さんの側でしか遊べなかった幼児が、ときどきお母さんを確認できれば離れて遊べるようになり、最後にはお母さんの存在を気にせずに遊べるようになっていく姿に似ています。

まずは学校の内外に子どもにとって安全で安心できる場を確保することから始めましょう。それは学校内であれば保健室など、学校外であれば教育センターや適応指導教室などになるでしょう。どんな場所がいいのか子どもに問いかけて要望を聞き、親としての意見を述べ、教師と相談したり、教育センターなどを通して検討すると良いでしょう。

表 5-5　実態把握のための観点（文部科学省 2003 年より一部抜粋）[5]

❶知的発達の状況

- ○　知的発達の遅れは認められず、全体的には極端に学力が低いことはない。

❷教科指導における気づき

- ○　本人の興味ある特定分野の知識は大人顔負けのものがある。
- ○　こだわると本人が納得するまで時間をかけて作業などをすることがある。
- ○　学習のルールやその場面だけの約束ごとを理解できない。
- ○　場面や状況に関係ない発言をする。
- ○　質問の意図とずれている発表（発言）がある。
- ○　必要な物をよくなくす。

❸行動上の気づき

- ○　離席がある、椅子をガタガタさせるなど落ち着きがないようにみえる。
- ○　順番を待つのが難しい。
- ○　体育や図画工作・美術などに関する技能が苦手である。
- ○　集団活動やグループでの学習を逸脱することがある。
- ○　本人のこだわりのために、他の児童・生徒の言動を許せないことがある。
- ○　自分の持ち物などの整理整頓が難しく、机の周辺が散らかっている。

❹コミュニケーションや言葉遣いにおける気づき

- ○　会話が一方通行であったり、応答にならないことが多い。
- ○　丁寧すぎる言葉遣い（場に合わない、友達どうしでも丁寧すぎる話し方）をする。
- ○　共感する動作（「うなずく」「身振り」「微笑む」などのジェスチャー）が少ない。
- ○　人に含みのある言葉や嫌味を言われても、気づかないことがある。
- ○　誰かに何かを伝える目的がなくても、場面に関係なく声を出すことや独り言が多い。

❺対人関係における気づき

- ○　友達との関係の作り方が下手である。
- ○　口ゲンカなど、友達とのトラブルが多い。
- ○　自分が非難されると過剰に反応する。
- ○　いじめを受けやすい。

表5-6　アセスメントとは

苦戦している子どもの支援を効果的におこなうためには、高いアセスメント能力が要求されることになります。

ここでのアセスメントとは、苦戦している子どもの性格特性とそれを作り出した経緯や環境要因、そして行動特徴とその行動が生起する条件などを系統的に情報収集し、それらの情報から包括的な子ども像を再構成し、効果的な支援方法を決めていくプロセスのことです。

それでは、「アセスメント」とは何を目的にして、どのようなことをおこなうものなのでしょうか。石隈（1999）[1]は、学校心理学の視点から心理教育的アセスメントのポイントは、以下のことを把握することであるとしています。

- ●子どもが援助を必要とする領域と程度の理解
- ●子ども自身の自助資源（子どもの学習スタイル、性格、体力、趣味などで子どもの問題解決に役立つところのこと）
- ●子どもの環境における援助資源（子どもにとって援助的に機能する人的資源や物質的資源などのこと）

また、スクールカウンセラーが行う心理教育的アセスメントのサービスとして、「アセスメントの計画と実施に関する助言」「アセスメントの実施」そこで得られた「情報の分析」が含まれます。

このように学校現場におけるアセスメントは、不適応行動を起こしている子どもに対してだけではなく、その子どもを取り巻く教師や子どもたち、保護者の態度、そして学校や地域、家庭環境も対象となります。そして、心理検査や観察、面接などを通して、「問題となっているものは何なのか」（主訴）、「問題の深刻度はどの程度か」「どうしてそのような問題が生じたのか」をみていきます。

また、その問題に生育歴や性格特性、あるいは環境との関連性はどの程度あるのか、などを明確にしたうえで、教師や保護者に問題解決のための援助の方針を立てたり、対処の仕方を検討することが必要となるでしょう。

同時に、発達障害が疑われる場合は、生育歴や発達状態の詳細、行動特徴や環境についての情報をより重視していくことになります。たとえば、学校内での子どもの様子を「教科指導」や「行動面、コミュニケーションや言葉遣い」「対人関係」の観点から観ていくと子どもの実態把握がしやすくなるものです（表5-5参照）。

2. 子どもを救うマニュアル

これまでに示してきた対応は、あくまでも一つの目安と考えてください。マニュアルが行動の目安や手がかりになることはありますが、それに盲信的に従っていると百害あって一利なしです。たとえば、不登校の対応が「登校を促さず見守るべし」となったり、逆に「不登校は本人の怠けである。強制的に登校させるべし」となって、それに縛られてしまうと、教師も子どももしなやかさや伸びやかさがなくなってしまいます。したがって、多くの情報を得て迷いながら対応していくのが正しい形だと考えられます。一つの考えや対応に縛られず、柔軟に考えを変えていくことが、子どもの成長や発達、そのときの状態にあわせて対応を変えていくということにつながるのではないでしょうか。そのように考えたときに、不登校の子どもの対応だけでなく、あらゆる子どもが苦戦する姿に対応していくのにマニュアルはないと言えます。

単に登校することだけを支援の目標として不登校の対応をするのなら、とにかく着替えさせ、引っ張って連れて行けばそれで済むという乱暴な話になってしまいます。学校に登校するかどうかよりも、不登校という課題を子どもが克服しようとする過程で、子ども自身が社会で自立して生活できる力を身につけられれば良いと思います。つまり、社会的な自立を最終目標に据えて、それを達成するためには現状でこの子どもに対して何ができるだろうか、ということを考えていくと良いのではないでしょうか。

そして、初期対応で大切なのは子どものアセスメント（**表5-5**、**表5-6**を参照）がしっかりできることだと思います。対応の出発点が間違っていれば、たどり着きたい場所にたどり着きません。それは航海途中の帆船が、目的地への方向が合っていても現在地を見誤っていては目的の港に着けないのと同じです。

また、船の現在地が正しくわかっていても進む方向が間違っていれば、やはり着港できません。そのときの風や海流などによって船の進み方や方向を考え、常に修正を加えていくことが必要です。そして、帆船を動かすにはたくさんの人と呼吸を合わせることが必要です。これは、大人たちがチームで協働し、子どもの発達や状態に合わせてかかわりを変える姿に似ています。子どもが荒波に揉まれ苦戦しながら大海原をわたろうとしているときにこそ、大人たちは協力して子どもが目的の港に着けるように支援したいものです。

6章 虐待

廣岡 逸樹
Itsuki Hirooka

1 さあ、どうする？「虐待」という危機

(1)子どもが親の言うことを聞かず、反抗的な言動が多くなった。親子げんかになると、腹が立ってどうしようもなくなり、つい手が出てしまう。あとでやりすぎたかなと後悔するのだが……。〔親〕

(2)自分のクラスの生徒の一人に、不自然な外傷（打撲、火傷など）が目につくようになった。しかも繰り返されているようだ。〔教師〕

(3)子ども同士のトラブルが絶えないので、親と話し合おうとするが、「校内で起こることは、学校の責任」と批判するのみで、親が学校の指導に協力しようとしない。〔教師〕

(4)校区内の児童養護施設から最近通ってくるようになった子はとにかく乱暴で被害児続出。止めるのが精一杯。毎日のようにトラブルが発生し、教師である自分自身がいつもイライラしている。クラスも以前と違い、いつもざわざわして落ち着かない。〔教師〕

今までと違った問題（虐待、あるいは虐待の疑い）が発生したとき、どうしたらいいのでしょうか。この章ではこういった問題を考えていきたいと思います。

基本的にこうした問題が生じた場合は、一人で、あるいは学校だけで抱え込まないようにしましょう。地域の支援者と連携をとって虐待防止に努めると良いでしょう。

教職員など、仕事上子どもにかかわる者は虐待の早期発見に努める義務がありますが、虐待が疑われるときの通告義務は日本国民全員に課せられています（図6－1）。

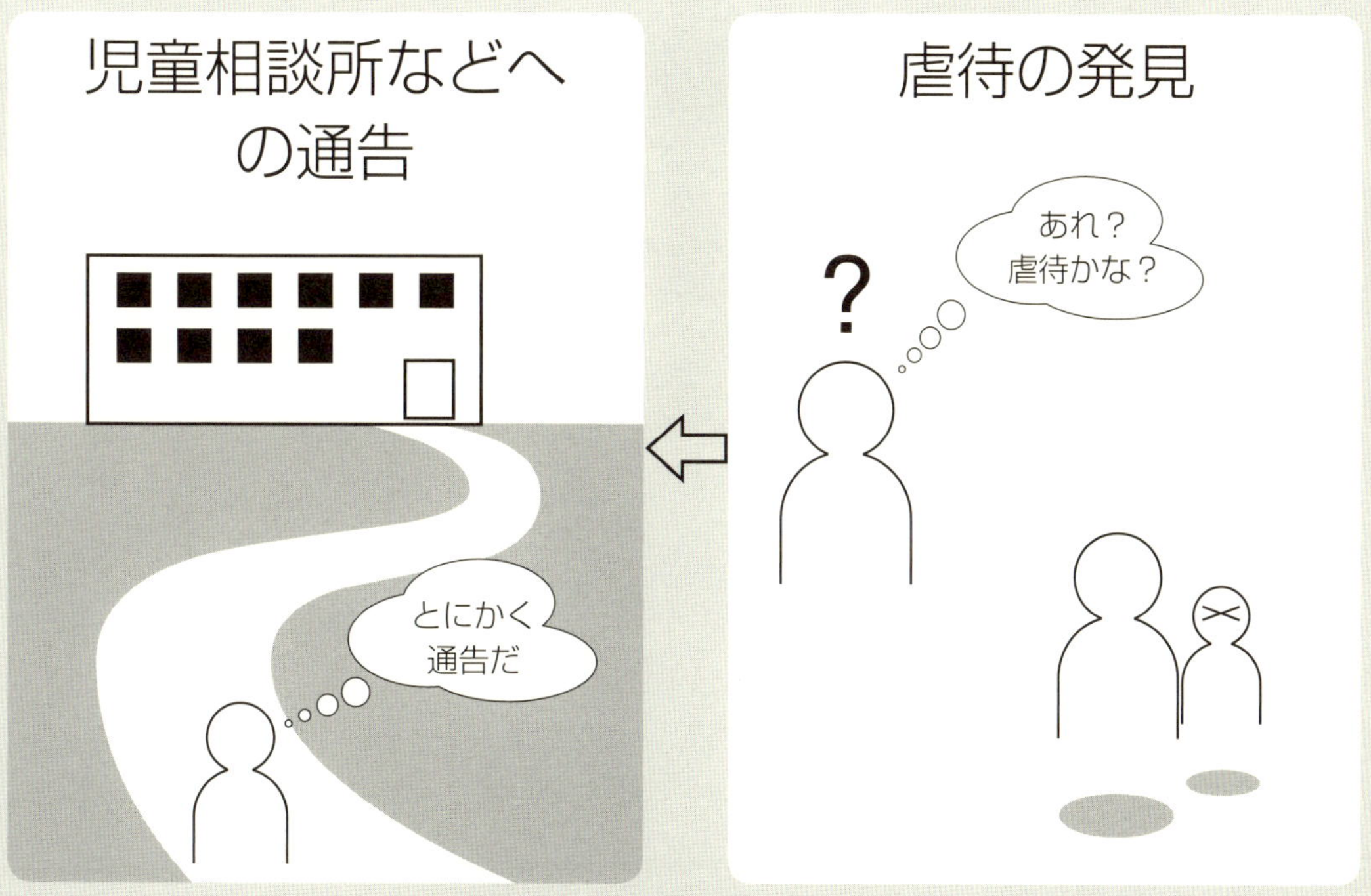

図 6-1　虐待の通告義務

児童虐待防止法第五条に「学校、児童福祉施設、（中略）教職員、児童福祉施設の職員、（中略）児童の福祉に職務上関係のある者は、児童虐待を発見しやすい立場にあることを自覚し、児童虐待の早期発見に努めなければならない」と明記されています。

また、第六条には、「児童虐待を受けたと思われる児童を発見した者は、速やかに市町村、都道府県の設置する福祉事務所若しくは児童相談所又は児童委員を介して市町村、都道府県の設置する福祉事務所若しくは児童相談所に通告しなければならない」とあり、また第六条第三項には「刑法の秘密漏示罪の規定その他の守秘義務に関する法律の規定は、第一項の規定による通告をする義務の遵守を妨げるものと解釈してはならない」とあります。

二〇〇四年の法改正により、通告義務の対象が「児童虐待を受けた児童」から「児童虐待を受けたと思われる児童」へと変更され、虐待を受けた疑いに関しても通告が義務づけられました。通告は義務であり、通告してもしなくても良いということではありません。日本には、多くの先進諸国と違い、通告をしなかったことを理由とした罰則規定はありません。また、通告が間違っていたからといって罰せられることはありません。しかし、目の前にいる未来ある子どもの幸せとは何か、今後も虐待環境で暮らしたらどうなるのかということに思いをはせて、行動することが必要です。

2 虐待に対する日ごろの備え

日常にあって危機的場面はかならず訪れます。虐待問題という危機も例外ではありません。上手く対応するには日頃の備えが大事です。あわてて対応が遅れたり、対応がぶれてしまわないように理念の基礎固めをしておきましょう。

1. 虐待に関する法律的理解

子どもの権利条約には、①生きる権利、②育つ権利、③守られる権利、④参加する権利という四つの原則があり、これらの原則は条文のなかにも含まれています。具体的に「虐待」という言葉が出てくる条文としては、第十九条と第三十四条があります（表6-1）。

児童虐待の定義について、児童虐待防止法でおさらいしておきましょう。

虐待の定義は児童虐待防止法第二条に出てきます。虐待は主に左記の四つに分類されます。

・身体的虐待
・性的虐待
・ネグレクト（養育の拒否や児童の放置など）
・心理的虐待

二〇〇四年の法改正により、「DV（ドメスティック・バイオレンス）の目撃」も心理的な虐待にあたると明記されました。

また、「虐待は世代間連鎖する」と言われています。虐待を受けた子どもたちが、成人後に妻や子どもへの暴力の加害者となってしまうことを指しています。もちろん、かつて虐待を受けた子どももすべてが成人して加害者になるわけではなりませんが、「虐待」を含めた「あらゆる暴力は連鎖する」可能性が高いのだということはしっかりと頭にとどめておきましょう。[6]

2. 地域で子育てをするという理念

児童福祉法が二〇〇五年に改正され、市町村に「要保護児童対策地域協議会」が設置されるようになりました。

要保護児童対策地域協議会は、要保護児童およびその保護者に関する情報その他の要保護児童の適切な保護を図るために必要な情報交換をおこなうとともに、要保護児童などに対する支援の内容に関する協議をおこないます。要保護児童には、被虐待児だけでなく非行児なども含まれます。これは、「子育て（子どもに問題が起こったときの解決も含む）は、地域（社会）でおこなっていく」という国のメッセージと捉えると良いと思います。[1]

特に「児童虐待」は密室のなかで起こり、繰り返される傾向を持っていますから、どのように地域で「虐待」を防ぎ、子どもの最善の利益を守りながら子育てしていくのかが課題となります。まさに「地域」の力の再生が求められていると言えます。この協議会を単なる帳尻あわせのお役所会議として捉えるのではなく、メンバーによる主体的な参加が求められているのです。

また、単に家族の代わりに子育てをするというのではなく、地域が家族と共に子どもの発達を支援していくのだという視点がより求められています。[2][4]

3. 対応の基本

子どもの権利条約第十二条（参加・意見表明の権利）では、子どもが権利行使の主体であることが述べられています。子どもが主体的に権利を行使していくことを助けることが、私たち大人の重要な役割の一つということになります。その役割をより良く果たすためには、何が必要な

表6-1　子どもの権利条約

「子どもの権利条約」の四つの原則

❶　生きる権利
防げる病気などで命を失わないこと。
病気やけがをしたら治療を受けられること。

❷　育つ権利
教育を受け、休んだり遊んだりできること。
考えや信じることの自由が守られ、自分らしく育つことができること。

❸　守られる権利
あらゆる種類の虐待や搾取などから守られること。
障害のある子どもや少数民族の子どもなどは特別に守られること。

❹　参加する権利
自由に意見を表したり、集まってグループをつくって自由に活動したりできること。

「子どもの権利条約」の四つの重要な条文

第2条「差別の禁止」
❸に関する条文が含まれています。

第3条「子どもの最善の利益」
❶から❹の四つの原則すべてに関する条文が含まれています。

第6条「生存と発達の権利」
❶と❷に関する条文が含まれています。

第12条「参加の権利（意見表明権）」
❹に関する条文が含まれています。

虐待に関する条文

第19条
親などによる虐待・放任・搾取からの保護。

第34条
性的搾取・性的虐待からの保護。

表6-2　大人に求められること

人間性	社会で生きる人として、自分を磨き、豊かになっていくこと。それには、ほど良く趣味や娯楽を楽しむことも必要です。「仕事人間」を自認する人は遊び心も大事であると自覚してください。
専門性	それぞれの職業的な知識、技術を高めることに加え、職業的な価値観をしっかりと持つように心がけること。
社会性	自分一人で問題をかかえこまず、他者とかかわりながら、主体的にものごとに対処していくこと。

のでしょうか。筆者は、大人に求められるのは、人間性、専門性、社会性の三つであると考えています（表6－2）。

他にもいろいろな考えがあるでしょう。それらの考えも大切にしながら、迷ったときは子どもの権利条約、児童福祉法などの理念に立ち戻ってみましょう。

以下の節では、仮空の相談事例を通して、児童虐待対応力（危機対応力）について理解を深めていただきます。

3　体罰と虐待の違いについて理解する

〔相談事例1〕　母親Aさんの悩み

小学校六年生になった娘（B子）が、とても自己主張が強くなって手を焼いています。私はつい手が出てしまうのですが、主人は一人娘のせいか、手をあげることには絶対反対です。しつけとしての体罰と虐待の違いをどう考えたらいいのでしょう？

〔解説〕

Aさんが、B子さんをとてもかわいがって手塩にかけて育ててこられたことが伝わってきます。またB子さん自身もこの時期まで、お母さんの期待どおり素直にすくすくと育ってきたのでしょう。その分、以前のB子さんと違い「自己主張が強く」なってきた娘さんの様子に戸惑い、少し冷静さを欠いてしまっているAさんの姿が浮かんできます。親も完璧ではありませんから、ときには冷静さを欠き、感情的になってしまうのも仕方ないでしょう。そのとき、つい手が出てしまうということがあるようです。そのような自分でいいのだろうかという疑問が生まれ、そのことを一人で悩み続けずに、相談をしたという点にAさんの力を感じます。

まず、このように誰かに相談する、そのことはとても大事なことです。また、それとともに大人へと変わりはじめた時期を、B子さん自身がしっかりと歩みはじめている姿が感じられてとても頼もしく思いました。加えて、お父さんが「叩くのは良くない」という態度を毅然と持っていらっしゃる点も素晴らしいと思いました。

それでは、解決に向けて一緒に考えていきましょう。

1. 「子どもの発達」を考えておく

まず、「自己主張が強い」ということについて考えてみましょう。小学校の高学年、あるいは中学生になれば、話しかけても返事もろくにしない、答えたとしても単語のみの返事でうるさそうにする、口を開けば憎まれ口を叩くということが多く見られるようになります。

こうしたことは発達過程のなかで当然起こり得ることだと考えられます。この時期の子どもは、守られ、育まれる存在（子ども）から、生み、育て、守る存在（大人）へと変化していく時期にあたります。子どもはこれから時間をかけ、自立した大人への道を歩んでいくことになります。つまり、身辺の自立、経済的自立、精神的自立を果たそうともがきはじめる時期なのです。経済的にはまだまだ依存している存在ですが、「もう単なる可愛いだけの子ではない」と精神的自立を果たそうとするようになります。

この時期、親の一方的な押しつけでは、子どもは素直な気持ちにならず、持っている精一杯の力で反抗し乗り越えようとします。これは、前思春期から思春期にかけての正常な発達であることを理解しておきましょう。

自分の意見をしっかりと主張し、これから大人社会（いろいろな人びとが暮らし、その人びとが変わり続け、互いに折り合いをつけて生きていく社会）に出て行くためには、ルール（して良いこと、してはいけないこと）があることを家族で話し合う良い時期を迎えているということです。B子さんが主張することをある程度実現するために必要な家族のルール作りということをみんなで始めてみてはいかがでしょうか。

2. 「児童虐待」と「体罰」との違いを整理しておく

① 児童虐待とは

ここでは親が子どもに手をあげるということが「身体的虐待」にあたるかどうか、ということを考えてみます。まず、「児童虐待」の一般的な考え方を見てみましょう。

虐待の定義はあくまで子ども側の定義であり、親の意図とは無関係です。親がいくら一所懸命であっても、その子をかわいいと思ってのことであっても、子ども側にとって有害な行為であれば「虐待」なのです。

それでは、Aさんの手をあげてしまうという行為は、有害な行為なのか、有益な行為なのか、どうでしょうか。

これについては、お父さんやB子さん、他に兄弟がいればその兄弟とも話し合ってみるのが良いですね。

② 体罰とは

次に「体罰」についても理解しておきましょう。森田ゆり著『しつけと体罰』[7]には、次のように書かれています。

体罰には以下のような危険性が潜んでいるということは理解しておいてください。

①体罰は、それをしている大人の感情のはけ口であることが多い。
②体罰は、恐怖感を与えることで子どもの言動をコントロールする方法である。
③体罰は、即効性があるので、他のしつけ方法がわからなくなる。
④体罰は、しばしばエスカレートする。
⑤体罰は、それを見ている他の子どもに深い心理的ダメージを与える。
⑥体罰は、ときに、取り返しのつかない事故を引き起こす。

また、体罰による子どもへの悪影響については次のようなことが起こりやすくなると言われています。

①子どもが他の人の暴力を受け入れてしまう。

日常的に体罰が繰り返されていると、痛みの感覚が麻痺してきたり、暴力を受けることは仕方のないことだというあきらめの感情（無力感）が作られてきます。そうした脳の働きができてしまっていると、暴力を拒否したり、誰かに助けを求めるということが非常に困難になってきます。

②子どもが他の人に暴力をふるってしまいやすくなる。

子どもは暴力を見、聞き、体感するわけですから、当然それは記憶され、暴力による「支配-被支配関係」を学習してしまいます。

③子どもの発達が遅れる。

体罰は子どもに対人的な恐怖感を与えますから、人とほどよく交わる機会を奪ってしまいがちです。

以上のことを考えると、Aさんがやった行為は「体罰だから問題ない。正当なしつけだ」とは言えないと私は考えています。

4 関係機関が動いてくれないとき

[相談事例2]　C先生の悩み　その1

私は、小学校で六年の担任をしているCと言います。虐待されている疑いがある子どもについて児童相談所へ相談したのですが、具体的な対応はとってくれないようです。学校として、教師として、どのような対応をおこなっていけば良いのでしょうか。また、家庭のことにどのくらい介入していけばいいのでしょうか。

[解説]

まず、「虐待されている疑い」があるということで児童相談所に相談（通告）をすでにしているとのことですが、これは虐待を防止するためのとても大事な一歩です。その一歩をすでに踏み出されていることが素晴らしいです。

虐待防止法第六条では、市町村あるいは児童相談所に通告することになっています。しかも「児童虐待を受けた児童」から「児童虐待を受けたと思われる児童」へと変更されていますから、「虐待が疑われるから通報した」で良いのです。

1. 地域で連携して対応する

通告を受けた児童相談所あるいは市町村は、まず、必要な情報を収集するために、要保護児童対策地域協議会の活動の一つである「個別ケース検討会議」を開くのが一般的です（図6-2）。（市町村もしくは児童福

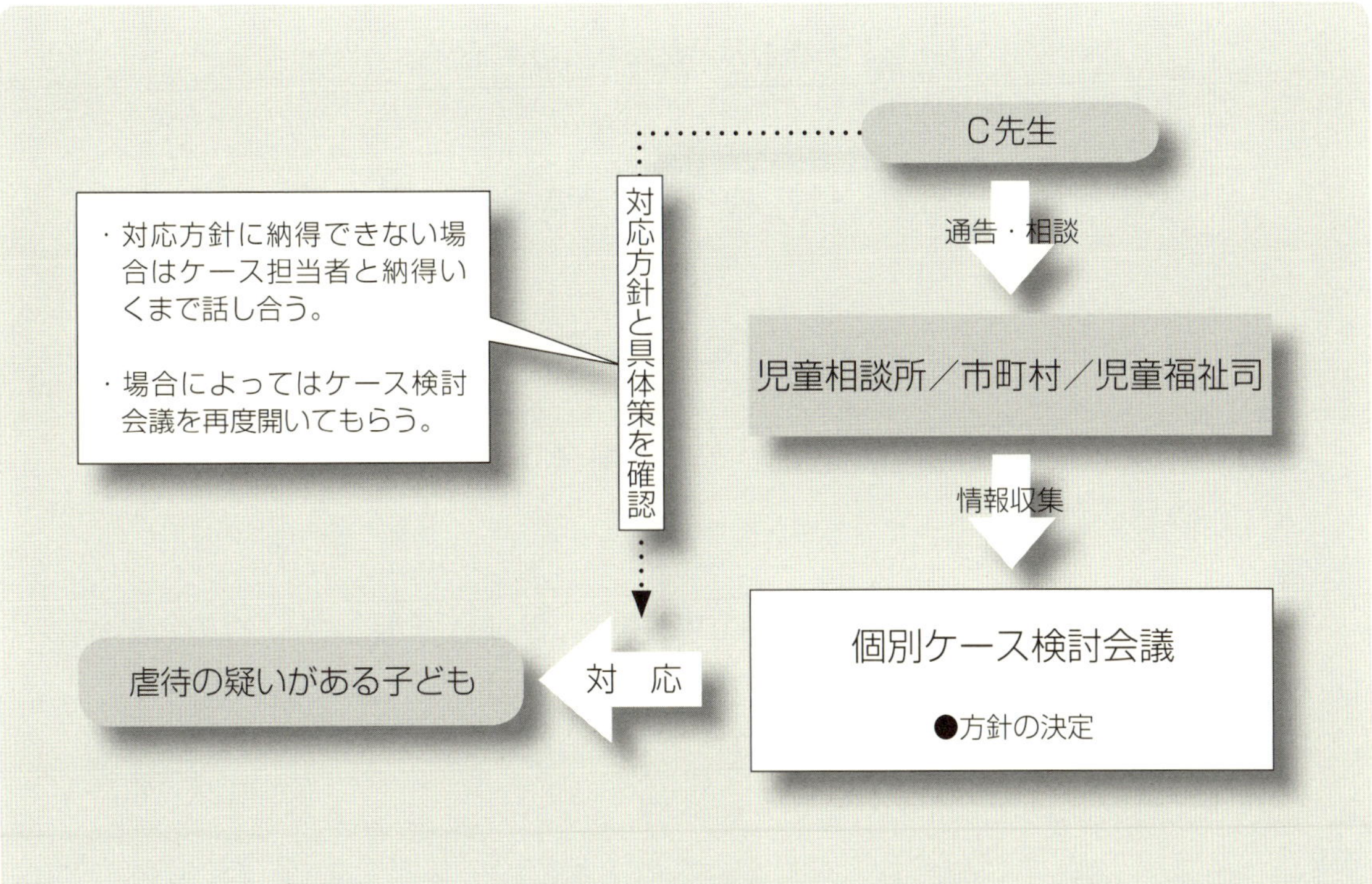
C先生
通告・相談
児童相談所／市町村／児童福祉司
情報収集
個別ケース検討会議
●方針の決定
対　応
虐待の疑いがある子ども
対応方針と具体策を確認
・対応方針に納得できない場合はケース担当者と納得いくまで話し合う。
・場合によってはケース検討会議を再度開いてもらう。

図 6-2　教師が通告後のケースの流れ

祉担当課だけで判断して処理するということはありません）。また、この会議は、児童福祉司による情報収集がある程度終えてから開かれます。もし「個別ケース検討会議」がすでに開かれているなら、その具体的結果を担当者に確認していくことから始めましょう（以下は検討会議が開かれていたという前提で話を進めます）。

会議のなかでは、事実や判断の共有と方針の決定がおこなわれます。この場合、その会議で「現状のまま見守る」ということになったと考えられます。それでも「誰がどういう形で見守るのか」ということは具体的に決めているはずなのですが、それがはっきりしないということなのでしょう。まず、その点について、児童相談所の児童福祉司にしっかりと確認をとることが必要です。そして、学校（担任）の役割を具体的に確認してください。

その結論に納得できない場合は、ケース担当者（多くの場合は児童相談所の児童福祉司）とお互いに納得いくまで話し合ってください。場合によっては、再度ケース検討会議を開いてもらうことが必要になるかもしれません[3]。

2. 決してあきらめないこと

関係機関と連携をとろうとすると、その調整だけで時間がたちまち過ぎていきます。日々、その子どもに接する担任としては気が気ではないかもしれません。しかし、学校にいる時間があるわけですから、かかわっている時間内で、その子の最善の利益を保証するためにできることはないかをしっかり考えてください。学習、遊び、食事（給食）など、生活が子どもにとって良いものであるかどうかを確認しながら、「虐待行為がありうる」という前提で見守り続けるということが、その子の最善の利益につながるのではないでしょうか。一人の教師として、子どもと良い関係を持ち続けておくことが大切です。そうしておけば、子ども

表 6-3　家族とのかかわり方のポイント

家族とかかわる際にはこれらのことを念頭に置きましょう

❶ 親（家族）は自分の子どもを愛しているということ。

❷ 家庭内に問題が生じた場合、それを解決する力の基本は家族にあるということ。

❸ 家庭内だけで解決に向かわない問題は、地域が家族と共に力を合わせて解決していくことが求められているということ（子どもの最善の利益を守るうえでより重要なのは、単なる子育て支援ではなく、「家族支援」である）。

が「ＳＯＳ」のサインを出したときにきちんと受けとめることができるでしょう。それが、危機を大きくしないことにつながります。

虐待があるということを児童相談所や市町村に通告したからそれで終わりということではありません。専門機関にも間違いがないとは言いきれません。目の前の子どもと誠実にかかわり続けてください。

3. 家族とのかかわり方のポイント

家庭とのかかわり方については、その家族のありようによってケース・バイ・ケースになりますが、一般的なかかわり方のポイントについて述べておきます。

家族とかかわる際には**表６－３**にあることを念頭に置くようにしましょう。

表６－３の前提があって、さらに必要なのは親の味方になる人と、冷静な判断力を持って「虐待行為」が続かないようにする人、という二つの目です。一人が両方の目を持つことももちろん可能ですが、一人の人間（教員）が抱え込んでしまうことを避ける意味でも、親の味方になる教員、子どもの味方になる教員、冷静な見方で客観的な判断をする役割の教員の三者が、連携をとって家族支援をしていくことが良いでしょう。

親に自分の味方をしてくれると感じ取ってもらえれば、親は本音を出してくるようになります。真に親の悩み、しんどさが感じ取れるようになったとしたら、そのときは、すでに何らかの良い変化が家族内に起こっているはずです。どんなに小さな変化でも、それが良い変化なら見逃さず、時間をかけて大きくしていきさえすれば良いのです。

5 不適応行動によって学校が危機にさらされる

［相談事例3］　C先生の悩み　その2
引き続き、六年の担任をしているCです。別の子どもですが、虐待を受けているがゆえに、学校で不適応行動を起こしてしまいます。その子が虐待を受けているということを、他の子どもにはどう伝えたらいいでしょうか。また、その子はちょっとしたことですぐに怒りの感情が爆発し、弱い子への暴力に及んでしまいます。また、その子の暴言が他の強い子がいじめを始める引き金になっていることもあります。

［解説］
虐待を受けているという情報をきちんと把握していることが素晴らしいです。もちろん虐待を受けていることがはっきりしているわけですから、市町村か児童相談所への通告はすでにおこなわれ、ネットワーク会議も開かれ、対応がある程度具体的になっていることと思います。ここでは、その前提で話を進めます。

1. 虐待とキレることの関係（不適応行動）

「不適応行動」にもいろいろありますが、ここではこの事例のように「キレやすい子」を取りあげてみます。

自分の思い通りにならないと、物を投げたり振り回したり、ときには弱い子に向かって暴力をふるうことがあります。こういった子どもは、いわゆる「キレやすい」子どもということになるでしょう。もちろんこれは「虐待を受けている」ことと直線的に結びつく行為ではありません。さまざまな要因がありうることを念頭に置いてください。

ただし、家庭内で暴力を受けているため「キレやすく」なってしまっていることはありうることです。

しかし、そこに大きな原因があるからといって、あるいは心情的には共感できるからといって、その子が暴力をふるって良いということではありません。もちろん原因の一つとなっている虐待が続いているならば、虐待への対応をきちんとしなければならないことは言うまでもありません。

まず、その行為自体、あるいはそういう暴力関係があるという事実の共有からはじめましょう。C先生が原因だと判断している内容を、他の子どもたちに言う必要はありません。虐待されていることが事実だったとしても、そのことを他の子どもたちに言うべきではありません。そういったことを言わなくても、暴力行為の解決に向けてみんなの力を発揮してもらうことは可能です。

まず、その子の暴力行為のターゲットになった被害児をしっかり守りましょう（4章「いじめの危機管理」を参照）。

2. 具体的な対応方法

次に、キレやすくなってしまった子どもが、自分のなかにある怒りや悲しみといった感情を認め、その感情をほどよくコントロールする力を身につけることが課題となります。具体的な対応方法を紹介します（図6－3）。

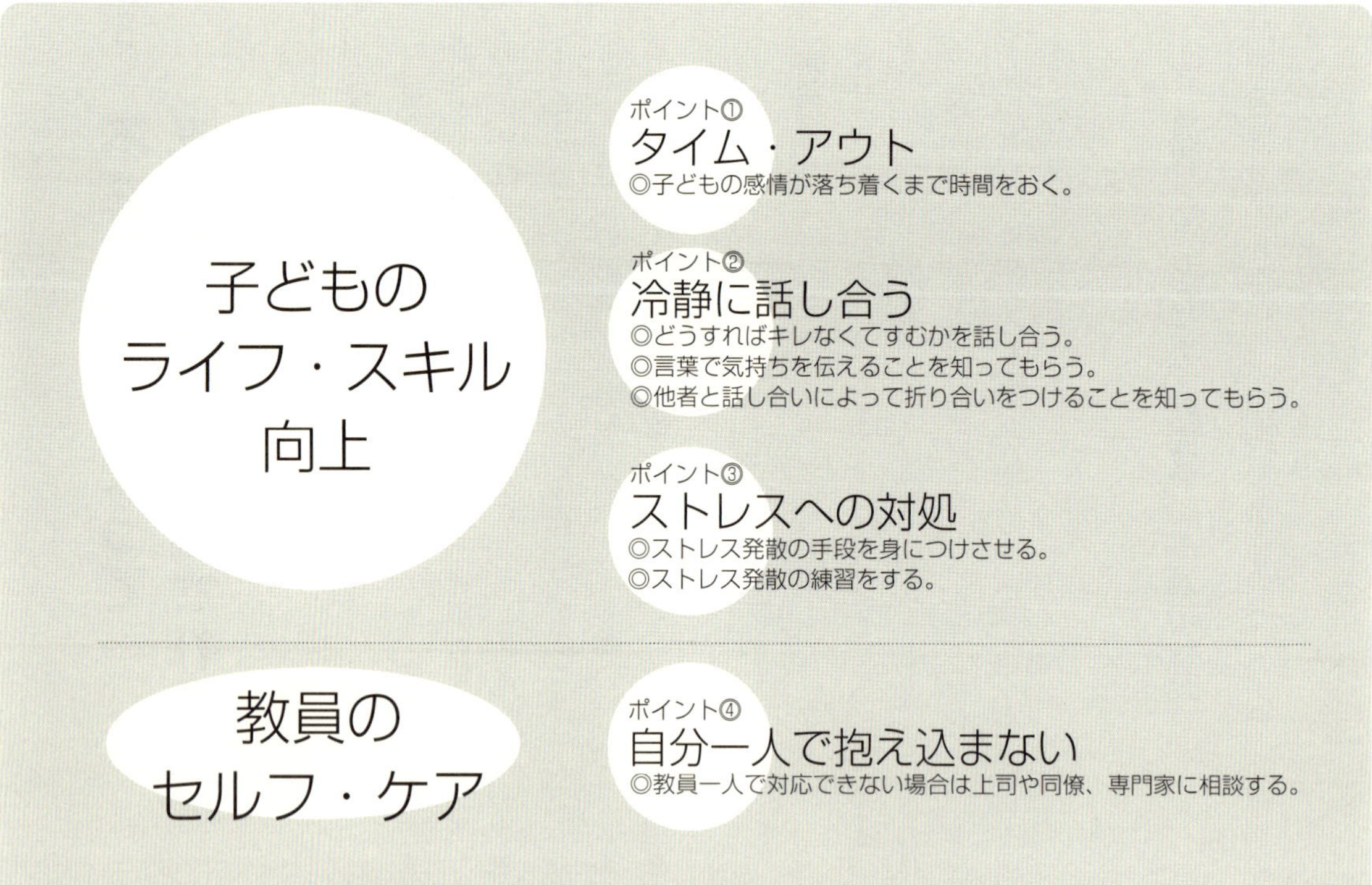
子どものライフ・スキル向上
ポイント①
タイム・アウト
◎子どもの感情が落ち着くまで時間をおく。
ポイント②
冷静に話し合う
◎どうすればキレなくてすむかを話し合う。
◎言葉で気持ちを伝えることを知ってもらう。
◎他者と話し合いによって折り合いをつけることを知ってもらう。
ポイント③
ストレスへの対処
◎ストレス発散の手段を身につけさせる。
◎ストレス発散の練習をする。
教員のセルフ・ケア
ポイント④
自分一人で抱え込まない
◎教員一人で対応できない場合は上司や同僚、専門家に相談する。

図 6-3　不適応行動への対応におけるポイント

① タイム・アウト

暴力・暴言が起こってしまっているときは、まずはやめさせ、その子の感情が落ち着くまで時間をおきましょう。これをタイム・アウトという言葉で表現することもあります。

② 冷静に話し合う

子どもが落ち着いたら、なぜキレるのか、そのことをどう思っているのか、どうすればキレずにすむと思うかなどについて話し合ってみましょう。また、「言葉で気持ちを伝えること、他者との葛藤を話し合いによって折り合いをつけることを知ってもらいましょう。

③ ストレスへの対処

暴力・暴言以外の自分のストレス発散方法を伝えましょう。ストレス発散の方法をたくさん持っておくことは問題解決のための手段を身につけることになります。また、ストレス発散の手段を伝えたなら、その手段でもってストレスを発散する練習をしておくと良いでしょう[4]。こうしたことを子どもが身につけていくことが、その子にとっての課題なのだと理解して、そのための具体的な方法を子どもに提案してみたらいかがでしょうか。特に「さまざまな問題を協力し合って解決していくこと」は、その子自身の総合的なライフ・スキル（生きていく技術）を高めていくことにつながります。

その子の成長にはそうした自分をコントロールする力がついていくことが「最善の利益」につながるのだという考えのもとに、与えられた範囲で誠実に子どもたちの生きる力を一緒に磨いていきましょう。

④ 自分一人で抱え込まない

教員も万能ではありませんから、自分の力を超えていると判断したときは一人で抱え込まず、上司、同僚あるいは専門家（児童精神科医、スクールカウンセラーや児童相談所の臨床心理士など）に相談してみることが大事です。

6 ネグレクトする親との関係づくり

【相談事例4】 D先生の悩み

五年生の担任をしているDと言います。クラスの女の子で、風呂にはあまり入らず、臭いということでからかわれている子どもがいます。その女の子の母親に指導しましたが、「風呂には毎日入れている」と言い張るだけで話し合いになりません。どのようにしたらいいでしょうか。

【解説】

いじめ（からかい）の状況を的確につかみ、またその主な原因まで突き止められているところが素晴らしいと思います。また、保護者に対して指導をおこなったということはとても勇気がいることだったでしょう。D先生の努力と苦労に拍手したい気持ちです。

ただ、保護者が話し合いを拒んだということですが、どうすればより良かったのかについて考えていきましょう。

1. 関係ができていない家族とのつきあい方

なぜ保護者は反発したのでしょうか。D先生は保護者とのほど良い関係を築く前に指導をしてしまったため、保護者が反発して話し合いを拒否したのではないでしょうか。

良い関係ができるまでは、しっかりと相手（この場合は母親）の苦労をねぎらい、親の置かれている生活状況や気持ちの理解に努めることが先にすべきことです。指導はその後からでも良いでしょう（家族との「良い関係の作り方」については、4節3項も参考にしてください）。

2. いじめを解決する方法はいろいろある

どんな理由があるにせよ、いじめをして良いという理由にはなりません。そのことを子どもたちと共に理解し合うことからはじめたらいかがでしょうか。そして理由を突き止めることより、まずはいじめ問題を解決していきましょう（4章「いじめの危機管理」が参考になるでしょう）。

3. 他にできること

風呂に入らないので臭いということであれば、気づいている先生が学校内でその子にシャワーを使ってもらったり風呂に入れてあげたりすれば、きれいになり臭わなくなることは間違いありません。ずっと風呂に入れ続けることは無理だとしても、「いじめ」の理由を一時的に解消することにはなります。

7 学校に行かせないことと不登校という問題

学校に行かない要因にはさまざまなことがあります。この節では「虐待」と関連する「不登校」について考えてみたいと思います。

［相談事例5］　E先生の悩み

中学校の二年生の男子を担任しているEと言います。ある子の保護者が「うちの子は卒業したら働くのだから学校に行かなくてかまわない」と言い、子どもも学校にきません。学校としてどのように対応したら良いでしょうか。

［解説］

保護者と「子どもが学校に来ない」ということについて話し合い、保護者の意見を確認することができています。まずその努力に敬意を表します。

ところで、その子どもの考えはどうなのでしょうか。また、その子どもは学校に来ないで何をしているのでしょうか。この場合、そのあたりの事実の確認や子どもの気持ちの把握が必要になります。もっと子どもと会って話し合ってみることから始めましょう。

1. 学びの場は学校だけではないということ

学校は豊かな学びができる最善の場ですから、そこで学ぶのは良い方法の一つですが、あくまでも方法の一つに過ぎません。ホーム・エデュケーション（在宅教育）やフリー・スクール（不登校の子どもたちの成長や発達にとっての一つの場となっている）などを利用するのも方法です。

学ぶ方法は多様であるという前提に立った上で、本人またはその保護者がそちらを選ぶということであれば、それは「当事者主権」（自分が自分の主権者であり、専門家でも侵すことは許されないので、自分のことは自分で決めるという立場）の発露ということになります。

ただし、放っておいて良いということではありませんから、学校に在籍している子どもとして、教育を受ける権利が保障されているのかどうかは教育者として継続して見守る必要があります。ときには次のような判断の元に介入することも必要でしょう。

2. 「虐待である」という疑い

もし子どもにとって「教育を受ける権利が損なわれている」と判断をするならば、それも「虐待」（最善の利益を損なう行為）の疑いがあるということになります。その場合は、市町村や児童相談所に通告をし、対応を考えていきましょう（本章4節を参考にしてください）。

8　「愛」は連鎖する

「虐待は世代間連鎖する」ということを先述しましたが、実はその反対の「愛」も連鎖します。私たちにできることはその「愛の連鎖」を作っていくことだと思っています。完璧なものでなくても「愛の鎖」は必ずつながっていきます。

1. 「愛する」ということ（ホットな心とクールな頭脳で）

何かの縁（親となった、担任となったなど）で出会った子どもの最善の利益は何か、何が子どもの権利を保障することになるのか、そういったことを私たち自身が学びながら子どもと共に生活をしていきましょう。

完璧な親も教師も子どももいません。また、そうである必要もありません。だからこそ、かかわり合い、理解し合い、許し合い、共に学び合っていけるのです。そのかかわりがときにつらくなることがあったとしても、希望を持って一緒にこの世界を生きていきましょう。その相互の営みを「愛」と呼ぶのだと私は思っています。

2.「愛」を育むのは簡単？

その「愛」を維持するためにできることはなんでしょうか。一臨床心理士として私が思っているのは，次のようなことです。

①豊かな大人に

専門性を磨き続けることはもちろんのこと，大人である私たちが趣味や教養（専門外の知識）を豊かにすることが必要です。趣味や教養を豊かにすることは，私たち自身の心の「弾力性」（「レジリアンシー」の日本語訳，「免疫力」とも言います）や問題解決力をつけていくことにつながります。それは子どもたちにも伝わっていきます。そして，その「弾力性」が危機場面をチャンスに変えていく力となります。

②危機をチャンスに

「危機」のない家庭，学校，あるいは地域はありません。「危機」が起こったときこそ，「愛」が豊かになるチャンスではないでしょうか。もちろん避けられる危機は，備えをしながら避けるに越したことはありませんが，危機場面になったときに，最小限の損失で済むように最善を尽くすのは私たち大人の務めです。

7章

性暴力被害を受けた子どものケア

野坂祐子
Sachiko Nosaka

1 はじめに

1. 三つのアプローチ

子どもに対する性暴力は、女子だけでなく男子にも多く起きているにもかかわらず、見過ごされやすい被害の一つです。子どもが被害を打ち明けにくい背景には、大人の態度の問題があります。子どもから性暴力の事実を打ち明けられた周囲の大人のほうが動揺してしまい、子どもの話を聞き流してしまったり、ときには被害を受けた子どもを責めてしまうことがあるからです。ですから、まず大人自身が落ち着いて子どもの話を聞くことが大切です。ふだんから子どもの様子に変化がないか気にかけ、変化があればそれをサインとして受けとめる必要があります。また、被害を受けて気持ちが混乱した子どもに寄り添うことで、子どもは安心感や安全感を取り戻すことができます。

性暴力に対する危機管理には、防犯、教育、支援体制という三つの側面からの総合的なアプローチが有効です。大人が子どもを守るという観点だけではなく、子ども自身が性や安全、健康について学び、回復のためのサポートを受けられるような、子どものエンパワメント（有力化）を目指した取り組みが求められています。これらは、家庭、学校、地域社会全体で取り組むべき課題なのです（図7-1）。

2. 子どもが口をつぐむわけ

子どもが受ける被害のなかでも、性暴力は目に見えにくく、大人の耳に届きにくい被害の一つです。マスメディアで報じられる性犯罪は、見

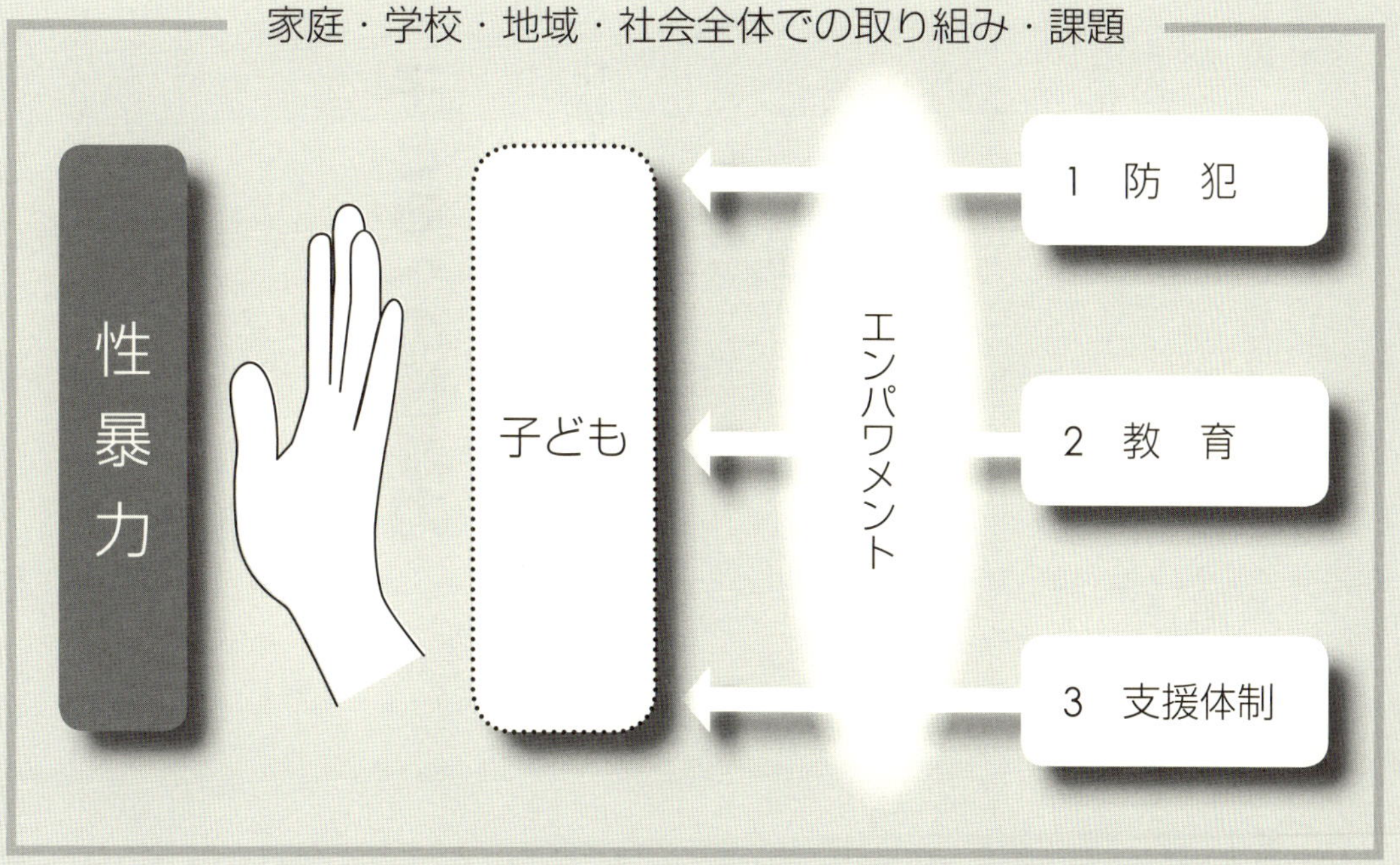
家庭・学校・地域・社会全体での取り組み・課題
性暴力
子ども
エンパワメント
1　防　犯
2　教　育
3　支援体制

図7-1　性暴力に対する危機管理における三つのアプローチ

知らぬ人による犯行が多く、被害児が殺害されたことで発覚するケースが目立ちますが、そうしたパターンは氷山の一角にすぎません。実際には、知り合いが加害者であることのほうが多く、被害を受けたことを誰にも打ち明けられずにいる子どもがたくさんいます。なぜ、子どもは被害にあったことを言えないのでしょうか。

ほとんどの場合、加害者は、犯行の際に子どもに口止めをしています。「誰かに言ったら殺すぞ」と脅したり、「家族が知ったら、きみのことを嫌いになるよ」と不安にさせたりします。また、「これは愛情表現なんだよ」と言いくるめたり、「二人だけの秘密にしようね」などと子どもを巻き込んだりもします。子どもは身体を触られたことに嫌悪感や違和感を覚えながらも、大人の言葉を信じようとして非常に混乱してしまいます。恥ずかしさや罪悪感から、なかなか大人に相談することもできません。なんとか身近な大人に打ち明けたとしても、「まさか、うちの子（生徒）が」と信じてもらえないこともあります。ようやくの思いで打ち明けたのに、信じてもらえなかったり話をそらされてしまったと感じたりすると、子どもはそれ以上、話せなくなってしまいます。また、打ち明けたときに大人が「どうして逃げなかったの」と子どもを怒ったり、「（相手は）かわいがっただけだと言っている」と加害者の言い分が聞き入れられてしまったりすると、子どもは自分のほうが悪かったのだと思ってしまいます。逆に、大人が非常に心配し、動揺してしまう場合も、子どもは自分のせいで大切な人を困らせてしまったと感じて、罪悪感から元気に振る舞ってみせることもあります。

つまり、子どもが被害にあったことをすぐに相談できないのは、大人の態度によるところが大きいのです。大人がしっかりと事実を受けとめ、落ち着いて子どもの気持ちを聞くことが大切です。誰でも、受け入れがたい事態が起こると、「たいしたことではないだろう」と思いたい気持ちから、事態の深刻さを小さく見積もろうとしてしまうものです。やり場のない気持ちを、不用意に、目の前にいる子どもに向けてしまったりもします。しかし、子どもにとっては、性暴力を受けたうえに、身近な大人にも守ってもらえなかったという体験を重ねることになり、さらなる傷つきを負うことになってしまい、被害からの回復が難しくなります。性暴力を受けた子どものケアにおいては、大人が性暴力について正しく理解し、生活のなかにある性暴力を見つける目と、子どもの声を聞きとる耳を持つことが欠かせません。

2 子どもへの性暴力

1. 性暴力とは何か

性暴力とは、本人が望んでいない性的な言動のことを言います。性器や身体に触ったり、触らせたりすること、性的な行為を強要することだけでなく、性的な言葉によるからかい、露出した性器やポルノなどを見せることも含まれます（表7－1）。

このうち、日本の刑法によって性犯罪とみなされるものは、強制わいせつ罪（刑法百七十六条）や強姦（刑法百十七条）などがありますが、被害者が十三歳以上の場合は、暴行や脅迫が伴う行為に限定されており、強姦罪の被害者は女子のみが想定されています（表7－2）。

しかし実際には、明らかな暴行や脅迫がなくても被害者が加害者の要求する行為に応じざるを得ない状況があります。また、男子の肛門への性器挿入などもあります。ここでは、刑法で規定されているような犯罪被害に限らず、本人の意に反する性的言動全般を性暴力ととらえ、その被害について考えていきます。

性暴力は、加害者が保護者である場合は性的虐待、教員である場合はセクシュアル・ハラスメントとも呼ばれます。いずれも本人の同意のない性的な言動ということで広く性暴力と捉えられます。

加害者と被害者に年齢や立場などの権力（パワー）の違いがある場合、子どもが自分の意思で拒否することは難しいと考えられます。ですから、大人が子どもに性的な行為を要求することはすべて性暴力とみなされます。子ども同士であっても、きょうだい間の近親姦や性的ないじめなどの性暴力が存在します。

また、性暴力は自宅や学校内、通学路など、子どもの身近な生活圏のなかで起きています。加害者も見知らぬ人ではなく、むしろ、親族や教師、知り合いであることが多いことが明らかになっています。

2. 性暴力に対する誤解や偏見

一般に、性暴力は若い女性が受けるもので、幼児や高齢者、男性が被害にあうことはないと思われがちです。

また、家庭や身近な地域では性暴力など起きないだろうとも考えられがちです。子どもも交通事故の危険性については、日ごろから言い聞かされていても、性暴力被害については大人から教わることなく過ごしています。そのため、子どもが被害を受けたとき、本人を含めた誰もが「信じられない」と思い、どう対処すべきかわからないことがあります。

また、性暴力は「あるわけがない」「信じられない」と否認されやすい一方で、「（身体に触るくらいのことは）よくあること」と容認されやすい問題でもあります。

とりわけ、子どもへの性暴力は「いたずら」と表現されることがあり、事態の深刻さに反して軽く扱われやすい面があります。「子どもはすぐに忘れる」とか「寝た子を起こさないほうが良い」という言い訳をして被害の話に触れずにいることは、子どもの気持ちを無視するだけで

表 7-1　さまざまな性暴力

- 性的な言葉による嫌がらせ、容姿に対するからかい、性的な内容の中傷行為。
- 露出した性器を見せる、ポルノや性的な画像を見せる。
- キスやオーラル・セックス（口を使った性的行為）を強要する。
- 身体や性器に触ったり、裸にしたりする。
- セックス（性器や肛門への性器挿入）を強要する。
- 裸体や強要した性行為を写真やビデオに撮影する、画像を売ったりインターネットに流す。
- 相手が望んでいるのに避妊をしない。　など。

表 7-2　刑法による性犯罪の規定：対象と行為

- 強制わいせつ（刑法 176 条）
  13 歳以上の男女：暴行または脅迫を用いたわいせつな行為
  13 歳未満の男女：わいせつな行為
- 強姦（刑法 117 条）
  13 歳以上の女子：暴行または脅迫を用いた姦淫
  13 歳未満の女子：姦淫

なく、加害者によるさらなる暴力行為を放置することにつながります。

このように、話を聞く側の性に対する意識や態度は、子どもへのかかわり方に大いに影響します。

性に関することがらを口にするのは恥ずかしいとか良くないと考えている人にとっては、性器の痛みやかゆみを訴える子どもの説明を聞くことに抵抗や戸惑いを感じるかもしれません。

性暴力は女性だけにふるわれるものだと思っている人は、被害にあったという男子の話を信じなかったり、軽く聞き流してしまったりすることがあるでしょう。「男の子のくせに情けない」とか「男なのだからかまわない」という大人の偏見が、子どもをさらに苦しめてしまいます。

性暴力に対する誤解や偏見が、被害後の対応やケアの遅れを招き、被害にあった子どもを孤立させてしまいます。大人が性や性暴力に対する自分の態度について、ふりかえってみることが大切です。

3　性暴力による心と身体への影響

1. 子どもにみられやすい反応

子どもに対する性暴力は、必ずしも恐怖や痛みを伴うものばかりではありません。幼い子どもの場合、何をされたのかよくわからず、被害体験を遊びのひとつだったかのように感じていることもあります。

しかし、加害者に優しい言葉をかけられながら、同時に口止めをされて脅されたり、「遊ぼう」と誘われたのに、加害者の言うとおりにしなければならなかったりして、子どもは非常に混乱します。秘密を強いられたり、「何かおかしい」と感じながらも逃げられなかったことで、子ども自身が罪悪感を持ち続けてしまうことがあります。

また、強引な性器への接触や挿入により、痛みや裂傷といった身体的な外傷を受けることもあります。咽喉や性器を介した性感染症の罹患や、妊娠の可能性も出てきます。さらに被害時に感じた恐怖感や不快感、そして無力感は、被害後も長く子どもの心に残ってしまいます。

性暴力を受けることは、子どもがそれまで持っていた安全感や安心感、信頼感を揺るがされるできごとです。不安と緊張が高まり、赤ちゃん返りと呼ばれる退行を示すようになります。指しゃぶりや夜尿をするようになったり、大人にまとわりつく一方で、一人きりでぽつんとしていることが増えたりします。腹痛や不眠などの身体症状もよく見られ、無気力になったり、怒りやすくなったりするなど情緒不安定になることもよくあります（表7－3）。

被害の状況が強い恐怖感や戦慄を伴うものであった場合、できごとを急に思い出して怯えたり（侵入症状）、被害時の状況を極端に避けたり（回避・麻痺）、落ち着きをなくす（過剰覚醒）ことがあります。こういった症状が一カ月以上続く場合は、ＰＴＳＤ（外傷後ストレス障害）に該当することがあります。

しかし、まずはＰＴＳＤかどうかの診断にとらわれず、子どもの心身の状態を理解しようとすることが重要です。

2. 思春期以降にみられやすい反応

幼少期に被害を受けた子どものなかには、被害直後には目立った反応がみられなかったものの、思春期を迎えてから心身の不調をきたす子がいます。自分が受けた行為の意味をあとから理解したことがきっかけになることもありますし、長い間、子どもなりに対処してきたストレスの蓄積が、思春期になって症状として現れたとも考えられます。

いずれにしても、子どものときに受けた性暴力は、その後の発達にも影響を及ぼしうるものです。

加害者と同性の人物や性的なことがらを嫌悪するなど、性暴力被害に直接的に関連する症状だけでなく、身近な大人にわかってもらえなかったという寂しさや怒り、自分が悪かったのかもしれないという自責感などから、自信を失い、アイデンティティ（自己同一性）が築けずにいることもあります。他者との境界線をもつことが難しくなり、不安定な行動や性関係を持つ傾向もみられます。ときに、摂食障害や自傷行為、非行行動に結びつくこともあります。いずれも、子どもがつらさを抱えつづけたことによって生じた問題であり、周囲の理解とサポートを求める子どものサインと考えられるでしょう。

4 子どもへの対応

1. 子どものサインに気づく

子どもが被害にあったことを伝えてきた場合、まず話してくれたことを褒めて、子どもの話をよく聞くことが大切です。

子どもにとって、被害を打ち明けるのは大変なことだと理解しましょう。矢継ぎ早に質問するのではなく、子どものペースで話せるようにします。

ただし、すでに述べたように、多くの子どもは被害を口にすることをためらっています。身近な大人は、子どもの行動や表情の変化をサインとして見過ごさず、「何か嫌なことや困っていることがあったら、なんでも話してね」と伝えることが大切です。無理やり聞き出すことは、子どもをさらに追い詰めてしまいかねません。あくまで子どものペースで話をさせることが大切です。

表 7-3　性暴力被害を受けた子どものおもな反応

身体症状

- 頭痛・腹痛
- 下痢
- 排泄時の痛み
- 性器・肛門・下腹部の痛み
- 咽頭痛
- 吐き気
- 性感染症
- 発熱
- 食欲不振
- めまい
- 過呼吸
- 不眠（寝つけない・熟睡できない）
- 悪夢
- 夜尿
- 夜泣き
- じんま疹
- 円形脱毛症
- 吃音など

行　動

- 落ち着きがない
- 不安がる
- 外出や登校をしぶる
- 退行（赤ちゃん言葉・指しゃぶり・親から離れられない・一人でトイレに行けない・着替えられない）
- 自己破壊的（自分の体を痛めつける・自傷行為）
- 解離（物忘れ・離人症状・空想癖）
- 極端な対人関係（誰にでもべたべたとまとわりつく・急によそよそしくなる・孤立しがち）
- 過剰で年齢不相応な性的言動（性器を気にする・性にこだわる）など

感　情

- 無気力
- 抑うつ
- 混乱
- 不安
- 不快感
- 怒り
- 恐怖感
- 無力感
- 罪悪感
- 自責感
- 孤立感
- 不信感
- 屈辱感
- 自己評価の低下など

子どもの PTSD 症状

侵　入

- 被害を再体験する（フラッシュバック）
- 突然興奮して過度の不安状態になる（パニック）
- 出来事を再現する遊びをする
- 出来事を繰り返し話題にする
- 悪夢をみる

など

回避・麻痺

- 被害にあった場所や加害者に似た人をこわがったり避けたりする
- 表情が乏しくなりぼーっとしている
- 将来について絶望的な考えを持つ

など

過剰覚醒

- 寝つきが悪い
- いつもいらいらしている
- 集中力がなく落ち着きにくい
- 無気力
- 怒りっぽい

など

表7-4　性暴力を受けた子どもにみられる性的行動

- 排尿・排便時の痛みを訴える
- 性器のかゆみを訴える
- 性器をよく触る（性器の異和感、痛みのため、過度なマスターベーションとして）
- 下着への出血やおりものの異常がある
- 年齢にそぐわない性的な話題を口にする
- 年齢にそぐわない性的な行動をとる　など

性暴力による性器や肛門の裂傷、性感染症等の感染によって、排尿・排便時の痛みや性器のかゆみを訴えることがあります。性器をよく触る、下着への出血やおりものの異常があるといった体調の変化がサインとなることもあります。通常の発達過程で見られる性器いじりや不正出血として見過ごさず、子どもの訴えや行動、下着の様子に気を配る必要があります。

また、子どもの遊びのなかで、年齢にそぐわない性的な話題や行動がみられることもあります。そういうことがみられるときは性暴力を受けたというサインの表れ（**表7-4**）である可能性があるので、ただ叱ってやめさせるのではなく、子どもの話を聞いてみるようにしましょう。

2.　家庭での対応

家庭での対応について、**表7-5**にまとめてみました。

家庭でも、子どもの話を信じて、よく聞くことが大切です。被害にあったことを責めてはいけません。悪いのはあくまで加害者の行為であることを大人もよく理解し、子どもにもそれを説明します。

子どもの日常生活を安定させるには、被害後もできるだけいつも通りの生活を心がけることが大切ですが、子どもの状態にあわせた配慮が必要になります。たとえば、一人では眠れなくなったり、外出を怖がるようになったりした子どもへは、しばらく親が添い寝をしたり、登下校に同行したりしてできるだけ子どもが安心感を持てるようにしましょう。被害を受けた場所に行けなくなったり、精液を連想させる食べ物が口に入れられなくなることもありますが、このような場合は無理をせずに、少しずつできることから始めていきます。また、子どもに対して、被害を受けたあとにこうした不調が起こるのは自然なことだと説明することが重要です。家族がこのような心理教育をカウンセラーや医師からしてもらうのも良いでしょう。親やきょうだいにとっても、心理教育は非常

表 7-5　家庭での対応

子どもの話をよく聞く

●被害にあったことを責めずに話をよく聞く。
●子どもが悪いのではなく、悪いのは加害者であることを大人がまず理解する。
●子どもが悪いのではなく、悪いのは加害者であることを子どもに説明する。

子どもへのケア・配慮

●被害後もいつも通りの生活を心がける。できるだけ規則正しい生活を送らせる。
●子どもが一人で眠れないときは添い寝をしたり、照明に配慮して、安心感を持たせる。
●子どもが外出を怖がるときは同行して安心感を持たせる。
●不調が起こるのは自然なことだと子どもに説明する。
●子どもができることから少しずつ取り組むようにする。
●家族がカウンセラーや医師から心理教育を受ける。

家族全体のケア・配慮

●家庭でよく話し合うようにする。
●被害を受けた子どもに配慮しつつ、いつも通りの生活を心がける。
●被害を受けた子どものきょうだいが不安や疎外感をもたないように気を配る。
●家族（親やきょうだい）がカウンセリングなどのケアを受ける。
●被害の事実を学校に伝える際や、訴訟を起こすことを決めるときは、子どもの意向を尊重しながら家庭で話し合えるとよい。

被害を受けた子どもへの具体的な対応

●被害による外傷の手当や性感染症の検査を受ける。
●妊娠の可能性がある女子の場合は、72 時間以内であれば緊急避妊用ピルの服用が有効。
●子どもが医療機関へ行く際に抵抗を持たないよう、医療機関へ行くことの有効性をよく説明する。

加害者を告訴する場合

●告訴する場合には、犯罪の証拠収集と警察や検察庁での事情説明が必要。
●告訴する場合には、子どもや家族の精神的・物理的負担についても考慮する。
●告訴する事前に、子どもに告訴するメリットとデメリットを理解してもらう。
●性犯罪被害者のサポートに詳しいカウンセラーや弁護士の支援を受けるのも有効。

に役に立ちます。

家庭で起こりやすい問題として、子どもの被害を受け入れにくい気持ちから精神的に疲れてしまったり、家族それぞれの意見の相違から家庭内がぎくしゃくした雰囲気になってしまうことがあります。家庭でよく話し合ったり、家族もカウンセリングなどのケアを受けることが大切です。被害の事実について、学校へどのように伝えるかについても、子どもの意向を尊重しながら家族で決めていくと良いでしょう。

また、子どもへの具体的な対応として、被害による外傷の手当てや性感染症の検査が必要です。妊娠の可能性がある女子は、被害後、七十二時間以内であれば緊急避妊ピルの服用が有効です。医療機関へ行く際は、事前にそれが子ども自身にとって役立つことであると説明すると、子どもの抵抗感は少なくなるでしょう。

加害者を告訴する場合は、犯罪の証拠収集と警察や検察庁での事情説明が必要になります。告訴は被害を受けた子どもにとって正当な権利であり、社会的にも有意義な行為ですが、子どもや家族の精神的、物理的負担も少なくありません。近年では、司法手続きにおける被害者への配慮が整いつつありますが、事前に子どもが告訴のメリットとデメリットを理解できたほうが良いでしょう。性犯罪被害者のサポートに詳しいカウンセラーや弁護士などの支援を受けることも役立ちます。告訴をしないことを選択したり、告訴を途中で取りやめたりすることもあるでしょう。加害者にいかなる判決が下ったとしても、子どもが被害を受けたという事実がなくなるわけではありません。どんなときも子どもの気持ちに寄り添うことが最も大切なことです。

3. 被害を打ち明けられた大人の気持ち

性暴力被害によって傷つけられるのは、被害を受けた子ども本人だけではありません。被害を打ち明けられた大人もまた傷つき、動揺するものです。被害の事実を認めたくないという気持ちから、子どもの話が信じられなかったり、やりきれない気持ちのあまり「どうしてそんなところへ行ったの」などと子どもを責めてしまうことも起こりがちです。また、事実を知ったあとは、子どもを常に見守っていなければ不安でたまらないという親もよくいます（表7－6）。子どもが被害を受けたことによって、大人もまた安心感や安全感が揺るがされてしまうのです。

4. 事例からみる子どもの反応と対応の仕方

ここで、性暴力を受けた子どもの様子について具体的な例をあげてみます（それぞれの事例は、複数の実例から、年齢や状況に特徴的なものを組み合わせて作成したものです）。

［事例1］　団地内で性器を触られた五歳男児

両親と男児の三人家族。ある日、母親は幼稚園から「（男児が）他の子のパンツを下げようとした」と連絡を受けた。これまでにそうした行動は見られなかったため、母親は戸惑いながらも男児を叱ったが、男児は「もうしない」と言うばかり。父親は「男の子はそういうことに興味があるものだ」とあまり取り合う様子がない。母親も一時的な遊びだったのだろうと気にせずにいたが、そのころから男児の夜尿が再発し、幼稚園から帰宅したあとも家から出たがらず、母親にべたべたとまとわりつくようになった。「男の子でもあることだし、このまま甘えさせてはいけない」と考えた両親は、ふだんよりも厳しく接するよう心がけるようにした。

しかし、大人の目の届かないところで男児による他の児童への振る舞いは続き、再び事態が発覚したときには他の児童の下着を下げるだけではなく性器にも触るようになっていた。相談機関に連れてこられた男児はやがて「団地内で男の人に性器を触られた」という体験を口にした。

表 7-6　子どもが性暴力被害を受けたときの大人の反応

否　認

●子どもが被害にあった事実を認めたくない
●実際に起きたこととは思えない　など

怒　り

●激しい憤りや無念さ
●加害者だけでなく警察や社会へ向けられた怒り
●子どもへの怒り（「あなたがちゃんとしていれば」「どうして逃げなかったの」）　など

自責感

●自責感や後悔の念（「自分がついていれば」「あのときこうしていたら・していなかったら」）　など

感情麻痺

●つらさや怒りなどの感情を感じられない
●子どもの気持ちに共感できない　など

恥

●恥の感情（「みっともない」）
●スティグマ（烙印）への恐怖（「世間に知られたくない」）　など

身体症状

●不眠
●食欲低下
●疲れやすくなる
●いら立つ　など

行　動

●被害のことばかり考えてしまう、不安のため子どもの外出を制限してしまう
●しつけや指導を躊躇する
●子どもと関係のないことに専念する
●性欲の低下や性行為への罪悪感を持つ　など

五歳の男子の例です。団地内で年長者から性器を触られる被害を受けたものの、誰にも言わなかったため、周囲の大人もそれに気づかないまま時間が経過してしまいました。被害後の男児には、「他の子のパンツを下げようとした」「夜尿が再発」「家から出たがらない」「母親にべたべたとまとわりつく」といった行動の変化が現れています。こうした突然の行動の変化は、被害を受けたことの重要なサインとなります。しかし、両親は男児の行動の変化を単なる性的な興味であると考えて軽視し、さらに甘えが続くことを懸念して、子どもに厳しく接してしまいました。とくに、男児に対しては、ことさらに甘えを許さないというジェンダー（性別）にもとづくしつけをおこなっていたことも影響し、結果的に子どもに対して受容的なかかわりを持てずにいました。

被害を受けたことによる子どもの恐怖感や不安感は、親に十分に甘えることで拭うことができ、安心感を回復させることができます。子どもが再び安心感を持つことができれば、被害後に生じるようになった外出不安や分離不安は次第に軽減されていきます。この事例の場合、親や幼稚園教諭が男児の行動の変化に気づいた時点で、子どもに何かあったのではないかと考え、本人にやさしく訊ねてみれば良かったでしょう。

事例のように、自分が受けた行為を他の子どもに対しておこなうようになる子どももいます。子どもにとっては、相手を傷つけるつもりではなく遊びとして繰り返すことで、自分が感じた恐怖感や不快感を軽減させようとしていることもありますし、被害後の不安やいら立ちから、他の子どもに対して攻撃的になっている場合もあります。このような行為は、相手の子どものためにも、また本人のためにも、すぐにやめさせる必要があります。叱るだけでは子どもは自分の気持ちをわかってもらえないと感じ、さらに大人の目の届かないところに隠れて繰り返すことになります。ですから何があったのかを訊ねながら、子ども自身が自分の気持ちに気づけるようにすることが大切です。プレイ・セラピー（遊戯療法）などの心理療法によって、専門家が見守るなかで感情を表出していくことも回復の助けになります。

子どもの被害に早期に気づき、適切な対応をすることは、別の子どもへの加害を未然に防ぐことにもつながります。子どもの加害行為の背景には、被害体験があることが少なくありません。叱ってやめさせるのではなく、双方にケアをするという観点で接することが大切です。

> **［事例2］　交際相手からセックスを強要された中三女子**
>
> 高校生の男子と交際三カ月になる女子。デートでは、彼の部屋で一緒に音楽を聞くことが多い。ある日、彼が「そろそろ（セックスをしても）いいだろう」と言い、彼女を抱きしめてきた。彼女が「まだそういうことはしたくない」と言うと、彼は「他に好きな男がいるのか」と声を荒げた。あわてた彼女が「そんなことはない」となだめると、「だったら、かまわないだろう」と言い、無理矢理セックスをした。彼女は彼の態度が急に変容したことに怯え、また彼に嫌われることを恐れて、痛みをこらえていた。悲しさと情けなさで涙が出てきたが、射精後に彼が優しくなり「おまえが一番だよ」と言ってくれたことが嬉しかった。しかし、無理な挿入による膣の痛みはひどく、妊娠や性感染症のことも心配であった。彼のことは好きだが、彼の怒鳴り声が頭から離れず、思い出すと頭痛や吐き気がした。親に話せば怒られるに違いないと思い、友達に打ち明けたが「彼の部屋にあがったなら、（セックスを）やってもいいってことでしょ」と逆に責められてしまった。
>
> 今でも彼がまた怒鳴りだすのではないかと思うと、動悸がして何も考えられなくなる。彼が不機嫌になるのが怖くて、求められるがままにセックスに応じてしまう。学校では集中力がなくなり、欠席がちになってしまった。

事例2は、中学三年生女子が交際中の男子からセックスを強要された例です。一般に、レイプは見知らぬ加害者が脅迫してセックスをするものだとイメージされがちですが、実際には、この事例のように恋人や知人など被害者と親しい相手が加害者である場合が多く、これらはデート・レイプやデートDVと呼ばれています。デート・レイプでは、身体的な暴行を加えるよりむしろ、「他に好きな男がいるのか」と疑いをかけたり、声を荒げてみせたりして、心理的に彼女を脅すことでセックスを強要するのが特徴です。被害者は、相手に嫌われてしまうことへの不安や断れない自分への自責感から、次第に無力感を抱くようになっていきます。やがて恐怖感からその場をいかにやり過ごすかだけを考えるようになり、痛いとか怖いといった感覚や感情すら麻痺していくことがあります。

デート・レイプは、被害者本人も周囲の人も、それが性暴力であると認識しにくいものです。事例のなかで、被害者の友達が述べた「彼の部屋にあがったら、（セックスを）やってもいいってこと」という価値観は、親や教師も持っていることが多く、被害者の行動に落ち度があるかのように叱責してしまうことがあります。そうした周囲の態度によって、被害を受けた子どもは、できごとのショックや妊娠や性感染症の不安を抱えながらも、誰にも言えずに孤立してしまう危険性があります。

この場合、子どもの気持ちや身体の状態を聞きながら、女子自身が交際相手との関係や今後のつきあい方について考え、自己決定できるよう支援していく必要があります。性感染症や妊娠についての性教育や、デート・レイプに関する知識や情報を教えることも役に立ちます。何より、女子自身が自尊心や自己肯定を持てるよう、エンパワメントしていくことが大切です。

5　学校や地域での対応

1.　学級での子どもへの対応

性暴力を受けた子どもに対して、学校ではどのような配慮が必要になるでしょうか。教師やスクールカウンセラーの場合、子どもから直接、被害を打ち明けられたり、保護者からの連絡を受けて事態を知ることがあります。いずれの場合でも、子どものプライバシーを守りつつ、子どものケアを最優先に考え、必要な手立てをとる必要があります。

子どもから被害を打ち明けられたものの、「家族には黙っていてほしい」と頼まれることもあります。まず、子どもが誰かに話を打ち明けることができたことを褒め、それから家族に打ち明けることの不安をよく聞きます。子どもに自分のせいで被害にあったわけではないことを伝え、家族に話すことで家庭での手助けが得られるであろうことを説明します。子ども自身が大人を信頼し、誰に、いつ話すかを決められるようにサポートすることが大切です。教師やスクールカウンセラーから事実について家族に伝える際は、保護者の不安やさまざまな思いを聞くようにし、今後の子どもへのかかわり方について心理教育をすると良いでしょう。緊急の対応を要するケースでは、医療機関や警察、児童相談所などへ連絡をする必要があります。家庭内の性虐待の場合は、児童相談所へ通告しなければなりません。

また、学校内での具体的な対応（**図7-2**）としては、被害を受けた子どもへの個別対応と、学級全体での集団対応という二つの面での配慮が必要になります。たとえば、被害後、ほかの子どもと一緒に更衣室で着替えることが不安で、体育を休みがちになった子どもに対しては、子

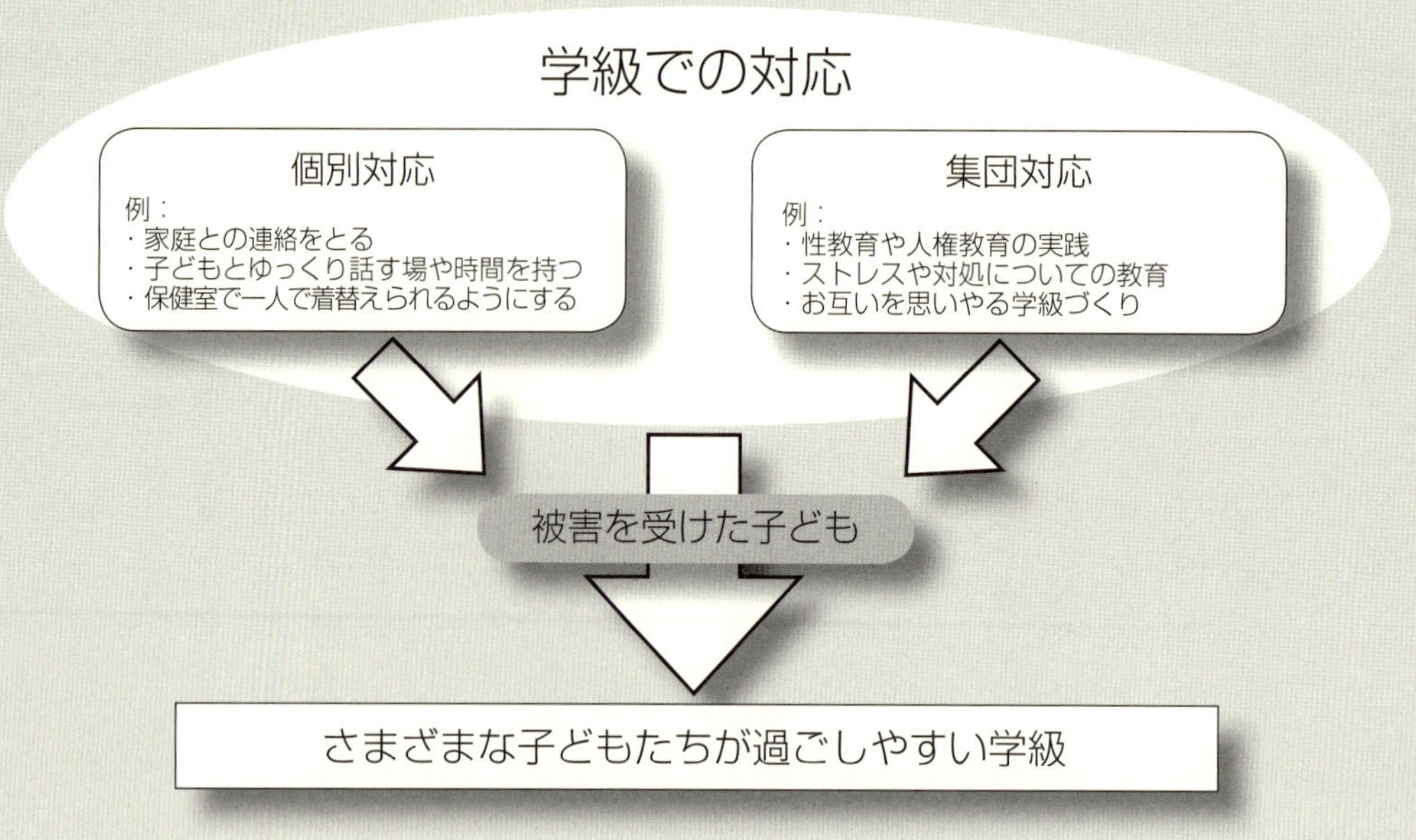

学級での対応
個別対応
例：
・家庭との連絡をとる
・子どもとゆっくり話す場や時間を持つ
・保健室で一人で着替えられるようにする
集団対応
例：
・性教育や人権教育の実践
・ストレスや対処についての教育
・お互いを思いやる学級づくり
被害を受けた子ども
さまざまな子どもたちが過ごしやすい学級

図 7-2　学級での子どもへの対応

どもの希望を聞きながら、一時的に保健室で着替えられるように準備することができます（個別対応）。それと同時に、さまざまな体調の子どもたちがどうしたら学校で過ごしやすいかを考える学級づくり（集団対応）を進めるようにします。重要なことは、被害を受けた子どもだけをケアしようとするのではなく、ふだんから、さまざまな問題や事情のある子どもたちが過ごしやすい学級運営を目指すことです。

しばしば教師は、子どもへの思いや責任感から問題を一人で抱え込んでしまいがちです。子どもや保護者に説明をしたうえで、学外の専門機関と連携を図ることが重要です。子どもの状態や希望を聞きながら、学校や家庭でどのような配慮をしていけば良いかを具体的に考えていきます。教師も保護者も、子どもの反応について頭で理解していても、子どもの不安定な感情や行動に振り回されて疲れてしまうこともあります。子どもを心配するあまり、目に見えにくい回復の過程に焦りを感じたり、周囲の意識との温度差から孤立感を覚えたりすることもあるかもしれません。教師や保護者もサポートを受けながら、長期的に子どもにかかわることが大切です。

2. 学校や地域での取り組み

近年、性暴力を含めた暴力や犯罪の防止に力を注ぐ学校や地域が増えています。子どもの被害は潜在化しやすいので、実態をしっかりと認識し、できる限りの予防をおこなうことが非常に重要です。しかし、残念ながら犯罪は防ぎきれるものではありません。本章冒頭で述べたように、性暴力への取り組みにおいては、防犯、教育、支援体制の三つの面からの総合的なアプローチ（図7－3）が求められます。

偏った防犯教育は、かえって被害を受けた子どもや家族への偏見につながりかねないので注意が必要です。たとえば、防犯の取り組みとして、子どもが一人で帰宅しないように指導することがありますが、一人

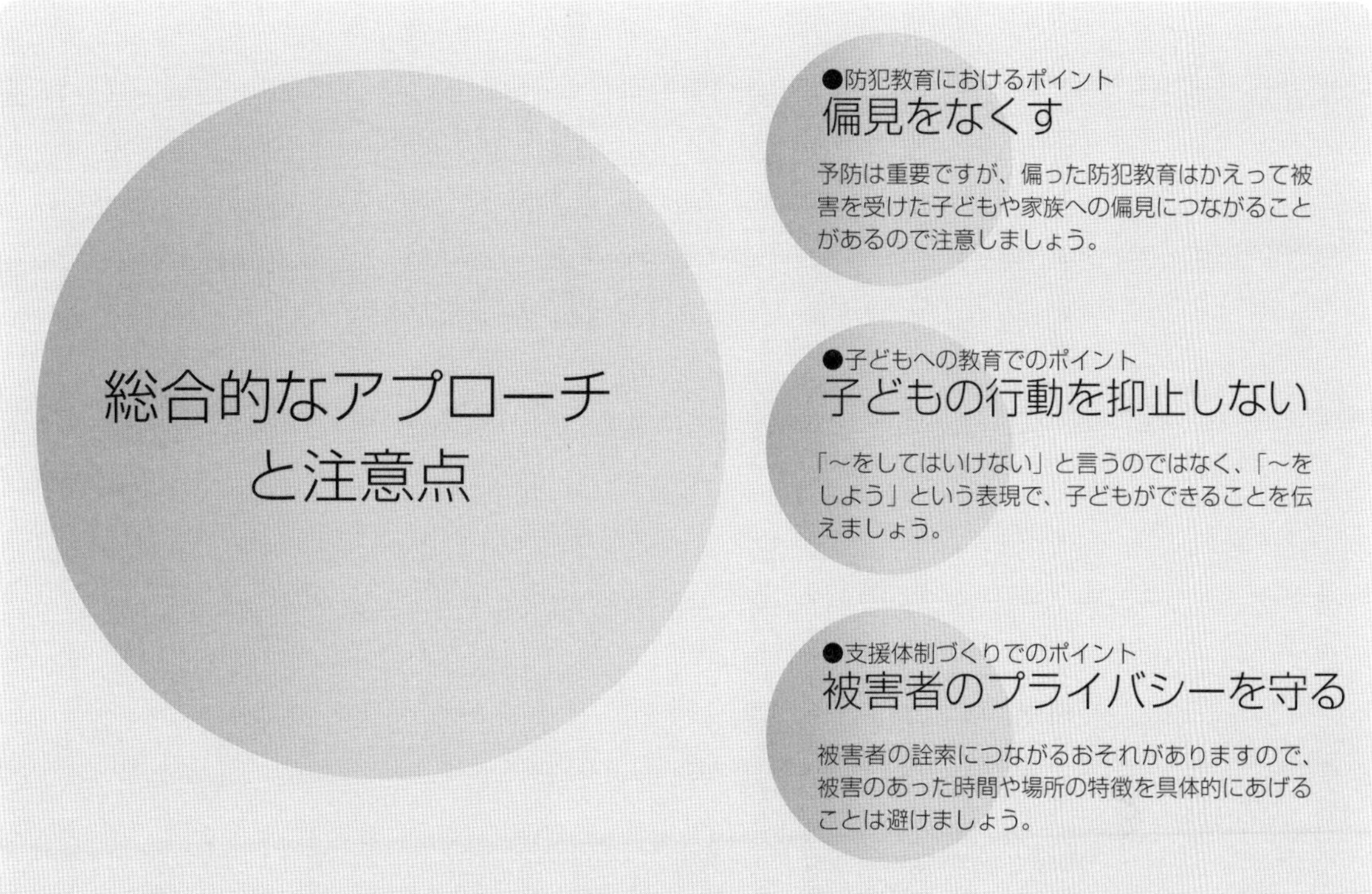
総合的なアプローチ
と注意点
●防犯教育におけるポイント
偏見をなくす
予防は重要ですが、偏った防犯教育はかえって被害を受けた子どもや家族への偏見につながることがあるので注意しましょう。
●子どもへの教育でのポイント
子どもの行動を抑止しない
「～をしてはいけない」と言うのではなく、「～をしよう」という表現で、子どもができることを伝えましょう。
●支援体制づくりでのポイント
被害者のプライバシーを守る
被害者の詮索につながるおそれがありますので、被害のあった時間や場所の特徴を具体的にあげることは避けましょう。

図 7-3　学校や地域での取り組み

で帰った子どもが被害にあったり、家族が迎えにこられなかった状況で子どもが被害にあったとしても、それは家族の責任ではないという共通認識を持つことが重要です。まずは、学校や地域にある性暴力への偏見をなくし、問題を共有していくことが大切です。そして、何かあったときに子どもが身近な人に相談しやすい関係を築くように努めましょう。

また、性暴力を防ぐためには「他人の性器を見ようとしたり、身体を触ろうとしたりするほうが悪い」と、一貫して問題があるのは加害者の行為であるということを伝えます。大人の心配が高じて、つい子どもに対して「（性器を）見せてはいけない」「（身体を）触らせてはいけない」と言ってしまいがちですが、子どもの行動を抑止するよりもむしろ「～をしよう」などの表現で、子どもができることを伝えるほうがエンパワメントにつながります。「大声を出そう」「逃げよう」「誰かに話そう」といったことを子どもと事前に話し合っておくことで、たとえ子どもが被害にあったとしても、何か行動を起こせたということが子どもの自信となり、回復につながります。

学校や地域で暴力や犯罪被害への注意を喚起する際には、被害者のプライバシーが守られるように配慮します。たとえば、防犯上の注意を促すための広報紙などに、被害が起きた時間や場所の特徴を具体的にあげることは、被害者の詮索につながりかねません。あくまで「街灯の少ない路地」や「駐車場」など、地域環境の問題に焦点をあて、環境の改善を図るとともに、そうした場所を利用するときの注意点を考えるようにします。

子どもの年齢に応じて、性や性暴力についてわかりやすい教育をしていく必要もあります。幼稚園児や小学生であれば、性器を含めた身体の名称を教え、大切な身体であることを伝えます。自分が嫌だと思ったり、おかしいと感じたりしたことは、ためらわずに声をあげて、身近な大人に相談するように話し、加害者に無理強いされた秘密は守らなくて良いと教えます。

思春期を迎える時期には、暴力的な性行為は愛情とは異なることだと説明します。「愛しているから」とか「好きだから」という理由で相手を自分の思うようにしようとすることは支配であり暴力です。また、子ども自身が暴力をふるうことなくコミュニケーションをとれる能力を身につけるためには、アサーティブ・トレーニング（自己主張）やロール・プレイ（役割演技）などの体験型学習も役立ちます。子どもが活用しやすい情報を提供し、カウンセリングやピア・グループ（当事者同士のグループ）などの支援体制を充実させていくことも、今後の課題といえます。

6 おわりに

性暴力を受けた子どもへの支援とは、大人が子どもを守ってあげることではありません。子ども自身が、自分の気持ちを話すことで安心感を取り戻し、どうしたいのかを決定し、できることから少しずつ取り組んでいくことが回復につながるのです。支援とは、そのような子どもの回復の過程を支えていくことにほかなりません。性暴力は、子どもの心や身体にとっての大きな危機となりますが、その後、周囲に理解され、支えられたという体験を持つことは、回復への大きな糧となるでしょう。子どもの性暴力被害を見逃さず、子どもの声に耳を傾ける大人の姿勢が大切です。

8章

性の安全と健康

山田 七重
Nanae Yamada

[1] 子どもたちの性の健康を守るために

子どもたちが性についての深刻な問題を抱えることなく、健やかに育っていくためには、親や教師、地域の住民など、子どもを見守る大人が、それぞれの立場から自分にできることを考え、その歩みを進めていくことが大切です。

思春期における性行為や、それが将来に及ぼす影響（性感染症や妊娠）について、子どもたちが自分の問題として真剣に向き合い、自分はどうしていきたいのかを考えるきっかけを与えていくことが重要です。

この章では、現代の中・高校生を取り囲む性の状況に関して、正しい知識と予防への取り組みの大切さを知ってもらうために、主にＨＩＶ（エイズ）の問題を中心に教師が取り組むことを考えてみることにします。

[2] エイズ予防教育のアプローチの紹介

子どもたちの性の健康を守りたいという願いは一つであっても、そのアプローチは職種や性別、年齢などによりさまざまです。たくさんの人が、それぞれの生き方をふまえて、それぞれの性を語ること、そのこと自体が素晴らしい性教育なのです。

エイズは自分に関係のある問題という意識を育てること、そして子ど

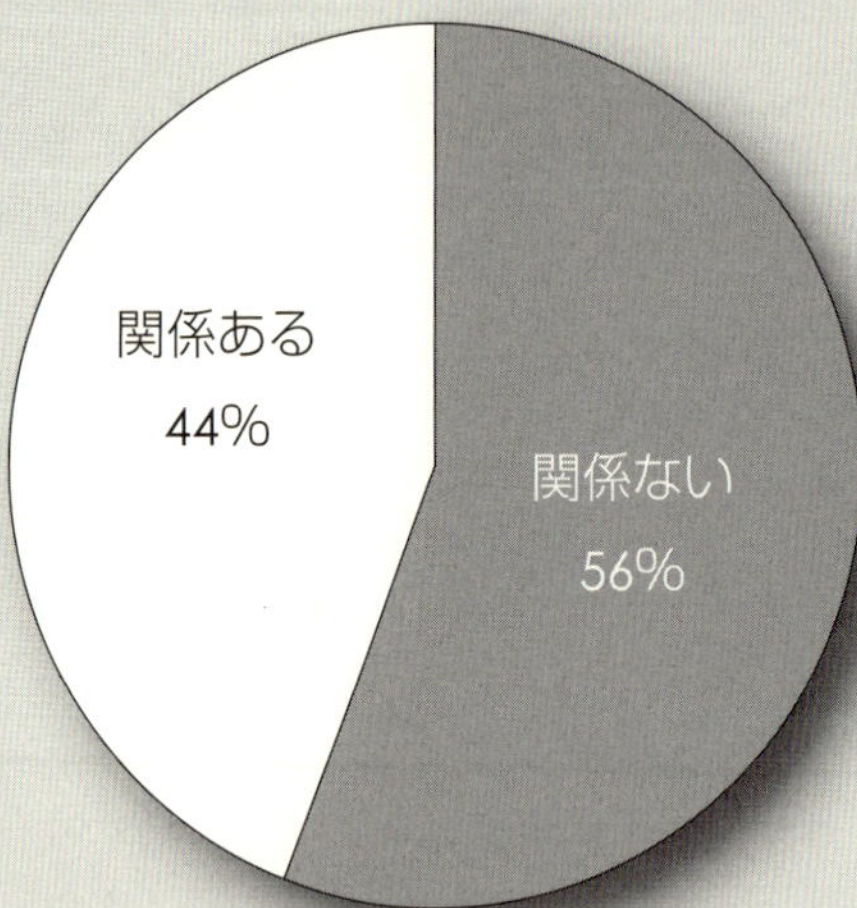

「エイズ？　関係ない」

中高生のエイズに対する意識の現状

山梨県内の中・高校生 4304 名への調査では、56 パーセントがエイズについて「自分には関係ない」と思っているという結果が出た。（2007 年山梨県エイズ知識啓発普及講習会事前調査　山田七重）[22)]

図 8-1　エイズに関する意識調査

もたち一人ひとりが「自分を大切にする」ということについて、真剣に向き合い、自分はこれから大人になっていくにつれて「どのように自分を大切にしていきたいのか」ということを考える一つのきっかけとしてもらいましょう。

1.　導入：事前調査——子どもたちの目線からはじめよう！

子どもが「自分には関係なさそうなエイズの話を、なぜ聞かなければいけないの?」という意識のままでは、せっかく知識の種をまいても、残念ながらその種が芽吹くことはありません。まずは畑を耕し、種をまける状態に準備することが大切です。そこで、「エイズはあんまり自分には関係ない」という子どもの気持ちと同じ目線から始めてみます。

事前に「エイズは自分にはあんまり関係ないと思うか」と「そう思う理由」という意識調査をおこないます。学習の導入に、その結果を発表すると、自分たちの回答に興味のない生徒はいないので、集中して聞いてもらうことができます。

事前調査で「エイズは自分にはあんまり関係ないと思う」と子どもが答える割合は、筆者の経験では、どの学校でもほぼ半数にのぼります（図8－1）。これが子どもたちの正直な意見であり、その意識が悪いのではなく、どういった理由でみんなが「関係がない」と思っているか、という点に注目してみます。

2.　展開1：無関係でないことを伝える

中高生が「エイズは自分には関係ない」と思う主な理由は六つあります（表8－1）。

本当にそれが、「エイズは自分には関係ない」という理由になるかどうか、❶から❻の理由に解説を加えて再度考えてもらいます。

表 8-1　中高生がエイズは関係ないと考える主な理由

❶「自分が HIV に感染していないから」

❷「身近に感染した人がいないから」

❸「めったになりそうにないから」

❹「よく知らないから」

❺「なんとなく自分は大丈夫そうだから」

❻「予防できる病気だから」

理由❶「自分が感染していないから」

⬅ エイズは自分では気づきにくい病気です。

たとえＨＩＶ（エイズの原因となるウイルス）に感染しても、症状のない期間が長いため、本人でさえ感染に気づかない場合があることを知ってもらいます。これまでに性行為を経験していない場合は、日常生活のなかでＨＩＶに感染している可能性は、まずありません。ただし、一度でも予防せずに性行為をした経験があると、感染の可能性があります（図8-2）。

理由❷「身近に感染した人がいないから」

⬅ ＨＩＶに感染する人が年々増えてきています。

どの都道府県にもＨＩＶに感染している人がいます[11]。感染しても、感染していない人と同じように社会生活を送ることができるので、もうどこかで感染した人と出会っているかもしれません。そのときに、もしもふざけてエイズのことを話題にしていたら、言葉だけでも感染した人に大きなストレスを与えてしまうかもしれません。ストレスは免疫力を下げるといわれているのです。逆に、応援したいな、という気持ちを持っていれば、感染している身近な人をしあわせにすることもできるかもしれません。それでも自分が感染しなければエイズは関係のない問題だと思いますか、と問いかけ、感染した人と同じ社会に暮らしているということについて考えてもらいましょう。

HIV とエイズの違い

HIV=Human《ヒト》 Immuno《免疫》 Deficiency《不全》 Virus《ウイルス》

HIV → AIDS を引き起こすウイルス

HIV（ヒト免疫不全ウイルス）とは、AIDS を引き起こすウイルスのことを言います。HIV は感染している人の血液、精液、膣分泌液、母乳に存在しており、それらが粘膜や傷を通して血管に入ると、感染する可能性があります。

AIDS=Acquired《後天性》 Immune《免疫》 Deficiency《不全》 Syndrome《症候群》

AIDS → HIV によって免疫力が下がり、さまざまな症状が出た状態

AIDS（エイズ）とは、生まれたあとになるもので、体の抵抗力が十分に働かなくなるため、他の病原体から体を守れなくなってさまざまな症状が出る病気のことです。

そして今、日本では、性行為で HIV に感染する若者が増えています。また、自分の感染に気づいていない人も多いのではないかと心配されています。

HIV ≠ AIDS ≠死

HIV に感染したら、やがて必ず AIDS になり死んでしまうのか、というとそれは間違いです。薬を飲むことで発症を遅らせたり、免疫力を回復させたりすることができるようになってきています。そういった薬物治療は、副作用が出たり、費用が高かったりと大変な面が多いですが、それでも薬を使うことで感染してから十年以上たっても元気で、普通に仕事をしながら生活している方々もいます。

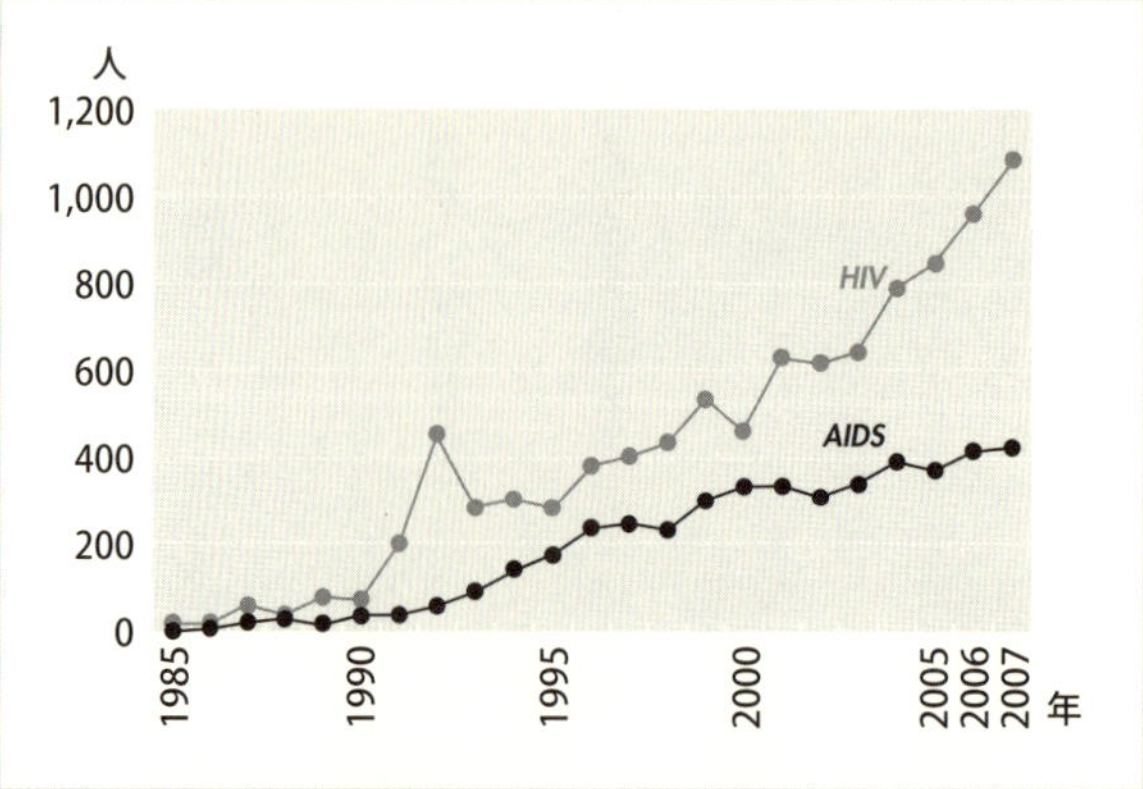

図　HIV 感染者および AIDS 患者報告数の年次推移
（エイズ予防情報センター http://api-net.jfap.or.jp/）

図 8-2　エイズとは？

感染の可能性

特定の一人の人との一度の性行為でも、HIV 等の性感染症に感染する可能性があります。あなたかあなたの相手が、前に別の人とつきあった経験があれば、感染の可能性がまったくないとは言い切れません。前につきあっていた人を考えていくと見知らぬ人とつながっていることもあるのです。

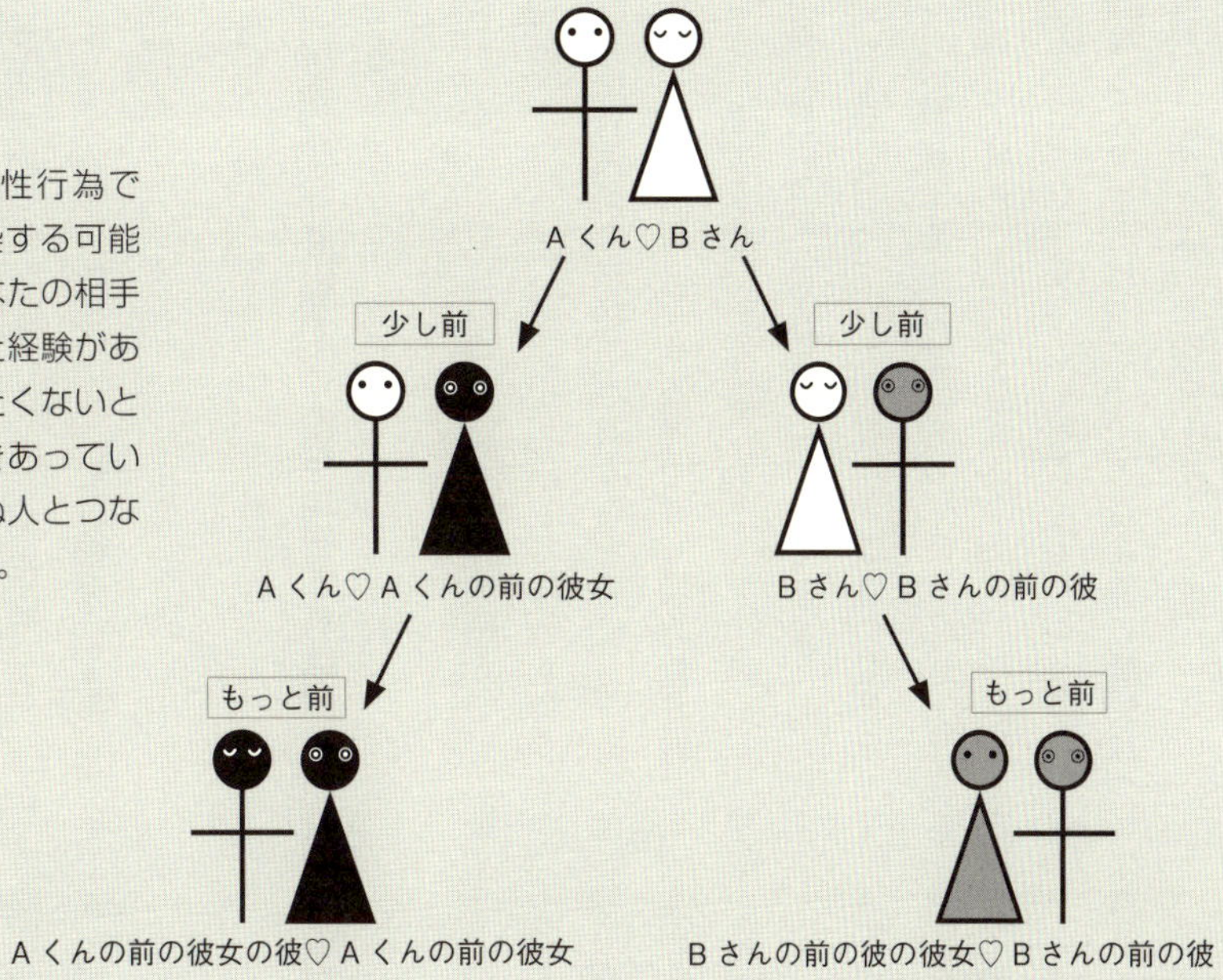

図 8-3　相手は一人とは限らない

理由❸「めったになりそうにないから」

→ たった一回の性行為でも感染する可能性があります。

「信頼できるたった一人の人とつきあう場合には大丈夫」という考えは間違いです。以前、別の人とつきあった経験があれば感染している可能性もあるからです（図8-3）。

理由❹「よく知らないから」

→ 知ることが一番の予防策です。

性行為で感染する病気があるということを知らずに、予防ができなかった例もあります。まずはよく知ることが大切です。エイズを取り巻く状況は常に変わっていきます。ウェブなど[15]で、いつも最新の情報を知ることが大切であると伝えましょう。

理由❺　なんとなく自分は大丈夫そうだから

→ 自分だけは絶対に感染しない、なんてことはありません。

これは一番心配な答えです。ＨＩＶに感染した人たちのなかには、感染する前からＨＩＶについてよく知っていた人もいます。「知っていたのになぜ予防できなかったのか」と聞くと、「自分だけは大丈夫だと思っていたんだよね」と教えてくれました。こういう気持ちは、誰の心のなかにもあるものなのかもしれません。でも、「自分だけは大丈夫」ということは決してありません。誰にでも感染する可能性があることを忘れないでいてもらいたいです。

理由❻ 予防できる病気だから
← 正しい予防方法をしっかりと勉強していきましょう。

一番確実な予防方法は「性行為をしないこと」です。また、性行為をする際にはコンドームを正しく使うことが有効です。ただし、それでも性行為をする限り、予防に失敗して感染してしまう可能性があることや、コンドームでは予防できない性感染症もあることを知ってもらいましょう。

3. 展開2：妊娠——性行為をすれば誰でも妊娠する可能性がある

新しい命がこの世に誕生することは素晴らしいことです。でも、せっかくの妊娠を喜べず、中絶を選択する場合があります。中絶とは、妊娠中に人為的に流産や早産をさせることです。平成十九年度の十代の人工妊娠中絶件数は二万三九八五件で、一日あたり約六十六人が中絶しているという、とても悲しい状態にあります[10]。さらに、中絶手術がきっかけで、不妊（妊娠できなくなること）になることもあります。

妊娠の知識は持っていたのに、望まない妊娠をしてしまってから「まさか自分が妊娠するとは思わなかった」と言う人もいます。性行為をすれば、誰でも妊娠する可能性があります。新しい命を喜んで迎える準備ができないうちは、望まない妊娠をしないように気をつけることは本当に大切なことです。以下に、子どもたちに妊娠について考えてもらうためにはどう話せばよいかの例を示します。

［妊娠についての説明例］

将来皆さんが、子どもをほしいと思うかどうか、それはそのときになってみなければわからないでしょう。生まれつきの病気で、子どもがほしくても持てない人がいたり、または、子どもを持たない生き方をしたいと考える人もいたり、いろいろな将来があるでしょう。でも、将来大人になって「妊娠」ということについて真剣に考えるときまで、今皆さんが持っている健康状態をそのまま大切に持ち続けてもらいたいと思うのです。もともと妊娠する可能性を持って生まれてきたのに、それを十代のうちに失ってしまうのは、とてももったいないことです。

4. 展開3：性体験——性行為は命がけのこと

性行為をすれば性感染症にかかったり、望まない妊娠をしてしまう可能性がどうしても高くなります。たった一回で新しい命が生まれることがある、たった一回で一生背負っていかなければならない病気になることもあるということを知ってもらいましょう。この際、あとで取り消すことができないことがあるということも伝えるようにしましょう。

急がなくても、いずれみんな大人になっていくのですから、性体験をあせる必要はないし、あせっても良いことはありません。逆に性行為をしないことで、望まない妊娠や性感染症を百パーセント避けることができるということも話し合ってみましょう。

5. 展開4：予防とは――自分を大切にすること＝相手を大切にすること

性体験をひかえたりコンドームを正しく使ったりして、ＨＩＶ感染を予防することは、自分を大切にすることであり、相手も大切にすることにつながっているということを覚えてもらいましょう。性感染症を予防することが、どのように相手を大切にすることにつながるかについての説明例を次に示しておきます。

［予防の考え方についての説明例］

将来、大切な人ができたときに性感染症の予防をおこなうのは、相手が性感染症に感染していないかと疑うようで嫌だな、と思ったら、それは違います。あなたが感染や望まない妊娠をしないことを、相手も望んでいるからです。そして、あなたが自分を守ることは、相手を感染や妊娠から守ることにつながります。相手のことが本当に大切ならば、お互いを傷つけたり、つらい思いをさせたりはしたくないはずです。逆に言えば、予防ができなければ、そこには愛はないと言えると思います。

6. 展開5：検査――一人で悩ませることがないように

「展開4」までの話を聞いて、不安になってしまう子どももいるかもしれません。そこで子どもたちに、全国の保健所で無料・匿名（名前を明かさない）で検査が受けられるということを知ってもらうようにしましょう。[7] 検査では、腕から少し採血して検査するということも説明するようにします。また、不安なときは一人で悩まず、まずは相談してみることも大切であることも伝えましょう。

人に相談することはとても大切なことです。十代は将来のこと、人間関係のこと、自分のことなど、とても悩みが多い時期ですが、一人で悩みすぎていると、健康な人でも免疫力が下がって病気になりやすくなってしまいます。「人に話したからって解決するとは限らない！」と思っている子どももいるかもしれませんが、解決案が見つからなくても、一緒に解決方法を考えてくれる味方がいるだけでも、ずいぶん気が楽になることも多いので、まずは話してみることが大切だということを知ってもらいましょう。

7. 展開6：同性愛――いろいろな「自分らしさ」がある

中学生の時期から「自分は同性に意識が向いているな」と気づく人もいます。同性愛は病気ではなく、普通のことだということ、もしも悩んでいたら、一人でいろいろ考えないで、相談してみるようにと伝えましょう。相談先は、学校の先生のほかにも、地域の思春期相談の窓口や、電話相談窓口等、複数あることを伝え、子どもが相談しやすい窓口を見つけていけるように情報を伝えます。[4-6] このとき、あなたは一人じゃない、たくさんの仲間がいるということを伝えるのが重要です。

性のあり方としていろいろな「その人らしさ」があることを、みんなで理解しておくようにしましょう。それを知らずに、からかったり、ふざけて話題にしたりすることは、思いやりに欠けた心の貧しい行為です。直接は見えなくても、あなたの周りにも悩んでいる友達がいるかもしれないということを伝えましょう。

十代というのは一人ひとりが迷いながらも、いろいろな「自分らしさ」を探しているころです。みんなが傷つけあうことなく、思いやりを持ってそれぞれの自分らしさを探していけることが大切なのです。

8. 展開7：まとめ――「自分を大切にする」ということ

「自分を大切にする」ことは、とても難しいことだと思います。特に十代では、自分なんかどうなってもいい、どうせ自分なんて生きている意味がない、と悩むことも多いでしょう。でも、一瞬そう思っただけで、感染や望まない妊娠等、一人では抱えきれないほど深刻な悩みを抱えてしまう場合もあることを、知っておいてもらいたいと思います。

一人ひとりが、誰にも変わることのできない、この世でたった一人の大切な存在であることや、自分を大切にすることが、周りで見守っている家族や友達を大切にすることにもつながっていることを、大人になるまで、覚えていてもらいたいものです。

3 各学校における工夫と事後評価

1. エイズと自分とのかかわりを見直すきっかけに

事後調査をおこなうことで、その実践を評価し、フォローが必要な部分の確認と内容改善のヒントを得ることができます。

実践の目的の一つは、エイズについて、「自分にも関係のある問題だ」という意識を持ってもらうことでした。それは「エイズは自分には関係ない」という意識を持っていることが、予防や感染した人と同じ社会で生きていくことを考えるうえで、一番の障害になるものだからです(図8－4)。筆者の実践経験では、小中高、どの学校においても「エイズは自分に関係がある」と回答する割合は、事前調査に比べると事後調査では明らかに増えていました。

これまで述べてきたことは、中高年を対象とした際におさえておきたいことですが、性教育の実践においては、それぞれの発達段階に応じて内容を工夫していく必要があります。次に年代別の工夫点をまとめました。

2. 小学校において工夫する点

小学生が事前調査で「エイズは自分にも関係がある」と答える割合は、中学生・高校生とほぼ同じ程度で、約半数を占めます。その理由は「(いつか)自分がなるかもしれない」というもののほかに、「人がかかっているのに自分だけ関係ないじゃやだめ」「(感染した人に会ったら)仲良くしたい・励ましたいから」といった、感染した人を思いやったものが多いのです。個人差はあるものの、全体的な傾向として小学生は感染した人への意識が非常に高いように感じられます。一方で、純粋で素直なだけに、気をつけておかなければいけない点もあります。

①「面白がってはいけないこと?」と聞かれたら

性について話したあと、子どもがみんなの前でふざけて話題にする場合があります。子どもに性について語るときには「面白がって使ってはいけない言葉だよ」ということを、必ず説明しておくことが大切です。

②「どうしてエイズになるの?」と聞かれたら

特に小学生の場合、大人が予想しないような質問が飛び出すこともしばしばあります。ただ、子どもの質問の場合、その質問自体は本当に子どもが聞きたいこととは違っている場合があることを考慮する必要があります。

たとえば、「どうしてエイズになるの?」という質問は、「感染のしくみを知りたい」というよりも「自分や家族がその病気になっていないかどうかが心配」という気持ちから出ている場合もあります。この場合に

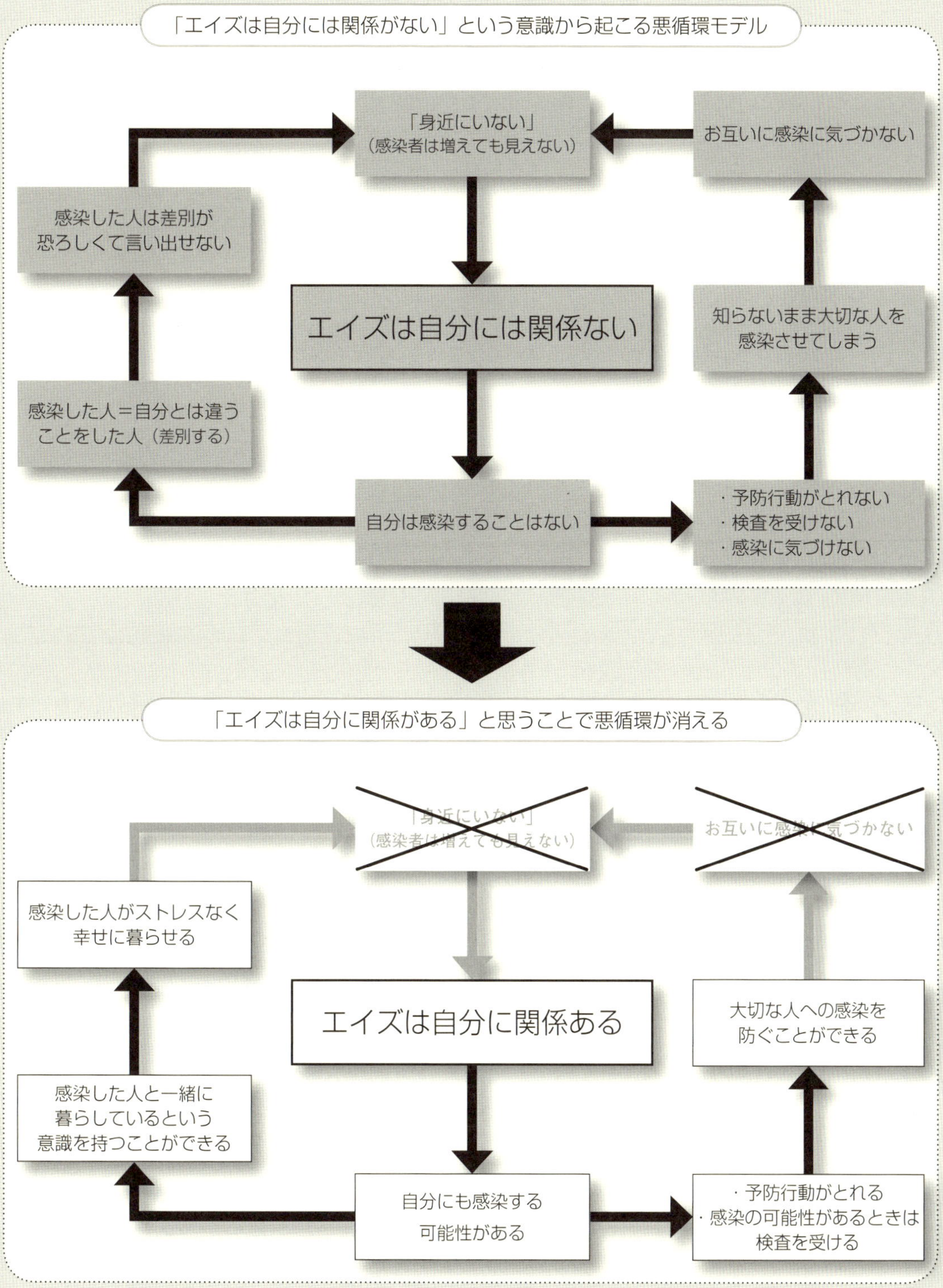
「エイズは自分には関係がない」という意識から起こる悪循環モデル
「身近にいない」
（感染者は増えても見えない）
お互いに感染に気づかない
感染した人は差別が
恐ろしくて言い出せない
エイズは自分には関係ない
知らないまま大切な人を
感染させてしまう
感染した人＝自分とは違う
ことをした人（差別する）
自分は感染することはない
・予防行動がとれない
・検査を受けない
・感染に気づけない
「エイズは自分に関係がある」と思うことで悪循環が消える
「身近にいない」
（感染者は増えても見えない）
お互いに感染に気づかない
感染した人がストレスなく
幸せに暮らせる
エイズは自分に関係ある
大切な人への感染を
防ぐことができる
感染した人と一緒に
暮らしているという
意識を持つことができる
自分にも感染する
可能性がある
・予防行動がとれる
・感染の可能性があるときは
検査を受ける

図 8-4　意識変化によるモデルの変化

表 8-2　小学生に「どうしてエイズになるの？」と聞かれたら

質問してくる子どもはエイズの仕組みを知りたいわけではなく、自分自身の幸福が脅かされていることを心配しているのかもしれません。子どもが本当に知りたいこと、質問の意味を読み取るようにしましょう。

●自分や家族がエイズになっていないかどうかを子どもが知りたがっている場合

○感染経路について説明する。

○子ども自身が感染している可能性は、まずないということを伝える（感染したお母さんから、赤ちゃんにうつることはあるけど、数はとても少ないことを伝える）。

●答えにつまっても……

○答えをすべて知っている必要はありません（これから調べていきましょう）。

○即答しなくてもかまいません（誰かに相談してみましょう）。

○間違えることだってあります（気づいた時に、訂正しましょう）。

は、感染経路に加えて、子ども自身が感染している可能性はまずないということを伝えることが大切です。このように質問の裏にある子どもたちの気持ちを引き出していき、本当に知りたがっていることに答えていくという視点を持つことが大切です（表8－2）。「エイズについて子どもと話そう」[3]というパンフレットには、各発達段階別の対応が書かれており、子どもとの対話時の参考となります。

3.　中学校において工夫する点

中学生は性に関する意識の個人差が特に大きい世代です。性に関することには興味がない、または、いっさい聞きたくないという子どももいる一方で、性体験へのあせりが出てくる子どももいます。また、身体も心も成長し、さまざまな悩みを抱えていても、特に性についてはなかなか相談できる相手がいない場合もあります。さらに相談する友達はいても、不適切なアドバイスにより、逆に悪影響を受けてしまう心配もあります。一人で悩み過ぎないで、信頼できる大人の誰かに悩みを相談することの大切さを伝えることが不可欠でしょう。

①　タイミングを逃さないために

中学生を対象にして教育をしていると、「初体験前に聞きたかった」という感想が聞かれることがあります。中学生で性体験をする子どもも、ごく少数ながら存在します。知識の不十分な中学生での性行為が、ハイリスクであることは言うまでもありません。「知っていれば性行為をしなかったのに……」という思いをする子どもがいなくなることを目指していきたいものです。そのために、できるだけ子どもたちの目に触れる場所に、性についてのパンフレットやポスターを置いたり、声をかけて会話のきっかけを作ったりと、個別のアプローチができるように環境を整えていくことが大切ではないかと考えます。

表 8-3　性感染症予防と避妊ができる方法

効果の凡例：　(^o^)＝完璧　　(^_^)＝効果あり　×＝効果なし

予防方法	避　妊	予　防	解　説
安全日	×	×	月経周期が不安定な思春期では毎日が危険日です。
膣外射精	×	×	射精前から透明な液体（精子）が出ているので妊娠も感染も防げません。
ピ　ル	(^_^)	×	女性が飲む避妊のためのお薬です。
コンドーム	(^_^)	(^_^)	正しく使えば避妊と多くの性感染症の予防ができます。（一方でコンドームでは予防できない性感染症もあり）
性器と性器の接触を避ける	(^o^)	×	性器と口が触れることで感染する病気もあります。
性行為（性的接触）をしない	(^o^)	(^o^)	唯一の完璧な予防・避妊方法です。

※もしも避妊に失敗したときは、性行為のあとにピルを飲む「緊急避妊法」があることも、必要に応じて伝えていきます（ただし性感染症の予防はできません）。

② あせらないで、というメッセージの大切さ

この時期になると、性体験をあせる気持ちを持つ子どもも出てきます。「同世代の友達が体験した」といった噂を聞き、「自分は遅れているのではないか」という不安が生じてしまい、さらにそれが「人から遅れたくない」という先立つ気持ちとなり、性体験を急いでしまう場合もあります。この時期には「性体験をあせらないで慎重に、大切に！」というメッセージを伝えていくことも大切なことと考えます。

③ 性の話題を聞きたがらない子どもへのケア

性についての話が苦手な子どももいます。性の話は、普段は公の場で話される機会が少ないので聞きなれていないため、照れくさい、恥ずかしい、という反応が出ることもあります。資料などは、なるべく子どもたちがみんなで楽しく見られるものにするよう、イラストなどを多用し工夫すると同時に、「どうしても嫌だな」と子どもが思っているようなら、無理をせず聞ける部分だけ聞いてもらうようにします。たとえば、大人になって正しい情報が必要になったときどこでそれが得られるか、といったポイントについては、そういう子どもにも伝えておきましょう。また、みんなの将来に向けての大切なことを伝えるためにあえて話題にしたということを伝えることも大切です。

4. 高等学校において工夫する点

高校生になると性体験をはじめ、中絶や出産、性感染症を体験している子どももいます。そういった子どもたちがこれからも前向きに生きていけるように言葉を選んでいくなどの配慮が大切です。

① 知識の再確認の必要性

誤った知識のために、予防・避妊したつもりが、できていなかった、ということがないように、正しい知識を与えていくことが大切です（表8－3）。

② 意思表示の大切さを伝える

高校生では、学ぶだけではなく、自分がどうしたいのかを見つめ、相手に伝えることの大切さについても取りあげましょう。HIVポジティブであることをカミングアウト（告白、公表）しているパトリック・ボンマリートさんの著書[19]からはいろいろなヒントが学べます。

大人になって愛する人に出会ったとき、自分はエイズについてどう考え、どう予防していきたいと思っているのか、さらに相手はどう考えているのか、という部分をふまえて、お互いにこれからどうしていくか、ということを話し合いながら納得して選択していけるようになることが大切だと伝えます。

③ 検査を受けやすい環境づくり

感染していないか不安になったとき、保健所で無料で検査ができるという情報を知っていても、実際に検査に行ける子どもは少ないようです。そういった子どもが不安を抱えたままにならないよう、より詳細な情報を提供するなどのフォローを考えていくことが大切です。

4 セックス、エイズ、妊娠についてのQ&A

親がかかえる疑問にどう対処するか教師としてこころえておきましょう。

Q 避妊方法などを教えることは、眠った子どもを起こすようなもので反対なのですが。

Ⓐ 性教育については、いろいろな考え方があります。ただ、子どもたちの性の健康を守りたい、という気持ちに変わりはないでしょう。その共通の認識の下に、まずは各学校で家庭を交えた意見交換の場を設け、子どもの現状を踏まえたうえで、いかに子どもの性の健康を守っていくかを話し合うところから出発することが理想的だと思います。

大切なことは、子どもの発達段階に即した教育をおこなうことです。これについては、学習指導要領をはじめとして、学校保健会などによるテキストなどが子どもたちの発達段階に見合った内容を定めています[16][20]。

筆者の経験では、中学生の性教育の事後感想では「まだ性行為などしてはいけないと改めて感じた」など、体験を急ぐよりも、むしろ「控えよう」とする感想が多く見られます。

性への誘いは、大人の目の届かないところにあることが多いものです。だからこそ子ども自身が性行為に伴う危険を知り、納得した上で「自分は大人になるまで性体験を控えよう」という意思を持つことに大きな価値があると考えます。

Q 小学校中学年の娘が初潮を迎えましたが、早すぎることに親としてとまどっています。今後どのように接していったらいいのでしょうか。

Ⓐ 初潮を迎えるのは、だいたい十～十五歳くらいで、平均してみる

と、十二〜十三歳に迎える人が多いようです。[8][17][23] 九歳未満で初潮を迎えた場合や、逆に十五歳になっても初潮がない場合には、念のために受診を勧めます。

月経のときは、「おなかや腰が痛かったり、いらいらしたり、嫌だなあと思うことも多いかもしれないけれど、お母さんもそうだったんだよ、大人への準備が始まったんだよ」と伝えると、少しは気が楽になるかもしれません。誰にでもやってくる自然で素晴らしいことだと伝えます。

Q　男の子の精通については、どんなふうに話せば良いのでしょうか。

Ⓐ　精通は、十〜十八歳くらいの間にほとんどの男の子が経験します。大抵は、性的な刺激によって起こるために、子ども自身がいけないことのように感じて悩む場合も少なくないようです。だからこそ、性的欲求が高まっていくのは自然であたり前の健康なことであること、マスターベーションを通して自分の性欲を上手くコントロールする方法を学ぶこともストレスと上手くつきあいながら生きていく力を養うために大切なことであると伝えます。また、誰かを傷つけるような処理の仕方はいけないことを、伝えていくことも大切です。男の子が大人へと成長する時期も、女の子の成長と同様に、あたたかく見守ってあげたいものです。

Q　小学生の子どもが合宿中の宿で成人用のチャンネルを見てしまったらしいのです。卑猥な言葉を言うこともあります。どのようにしたらいいでしょうか。

Ⓐ　性情報にあふれた今の社会では、いくら遮断しても、網の目をかいくぐるように、子どもたちの周囲に有害な情報があふれてきます。憤りを感じずにいられないこのような環境から、子どもたちが守られる社会を築いていけるよう改善を求めていくことが大切です。

子ども自身がショックを受けていてケアが必要な場合もあるので、地域の思春期相談などで、カウンセリングを受けることも有効だと思われます。ふざけて口にしてしまうときには「性のことはデリケートで、嫌な思いをする人もいるので、ふざけて話題にするものではないんだよ」ということをきちんと伝えましょう。

Q　「どうして援助交際してはいけないのか」と子どもにきかれたら？

Ⓐ　まずは、法律で禁止されていることだから、とはっきり伝えましょう。援助交際は、児童福祉法や「児童買春、児童ポルノに係る行為等の処罰および児童の保護等に関する法律」「インターネット異性紹介事業を利用して児童を誘引する行為の規制等に関する法律」、各都道府県の淫行条例などによって規制されています。

「人に迷惑をかけなければ、自分の身体だから何をしても良い」と言う子どももいるかもしれませんが、実際には妊娠や性感染症といった問題や、恐喝や強盗、殺人といった事件なども多く起きており、家族をはじめとする周りの人に迷惑がかかる可能性が十分にあることを伝えます。また、もしも援助交際をした場合、将来、愛する人や自分の子どもにどんなふうに説明するのか、一緒に考えてみます。今だけではなく、将来にわたって自分自身を傷つけてしまうものであることを伝えていきたいものです。

Q ピルとはどういった薬なのでしょうか。どこに行ったら手に入りますか。

Ⓐ ピルとは避妊するための薬です。ピルは市販薬ではないので、必ず病院で診察を受けて処方してもらいます。ただし、性行為を考える場合、ピルだけでは避妊しかできませんので、性感染症予防にはピルの副用にあわせてコンドームを使うことが必要です。

Q 高三の娘が帰宅するなり「お母さん、ごめんなさい」と言って泣き出してしまいました。わけを聞いても首を横に振るだけで、ただただ泣きじゃくっていました。もしかしたら乱暴されたのかもしれません。どう接していったらいいのでしょうか。

Ⓐ 性被害にあった場合、なかなか言い出せないこともあるでしょう。速やかな対処が必要になる場合もあるので話せるようになったらすぐに話してほしいこと、他に相談してみてもいいなと思える人がいればその人に相談してはどうかということ、被害にあったのはその子どものせいではないので、決してその子が悪くないこと、自分はいつでも絶対に味方でいることなどを伝えましょう。

Q 私は娘たちには、結婚するまでセックスはするなと教えたいと思います。ただ、どんなふうにそれを話したらいいかわかりません。教えてください。

Q 高校二年生の娘は同じ高校の男子生徒と交際しているらしいのですが、今どきの高校生ですから、深いつきあいをしていると思われます。子どもの妊娠や病気、エイズのことなど考え出したら心配なことばかりです。間違いを起こさないためのアドバイスをお願いします。

Ⓐ 親の思いを伝えるのはとても大切です。ただし、子どものことを心配するあまり、「十代の性行為は絶対禁止」という伝え方をすると、子どもは従順に従う場合もあれば、逆に反発したり、親に隠したりして、困った時にも親に相談できなくなる心配があります。

たとえばこんな伝え方はどうでしょうか。「性行為は望まない妊娠や性感染症への感染を引き起こすなど、いろいろと将来に与える影響も大きいから十代でそういったことをするのは心配。将来を決めていく大切な十代を、あなたが心配を抱えずに楽しく安心して過ごしていけるように、もう少し大人になって、妊娠や性感染症に対して自分で責任がとれるようになるまでは、性行為は控えてもらいたいと思っている」と伝えます。

一方的に規制するのではなく、親の意見として、なぜ避けたほうが良いと思っているのかという「理由」と、子どもが大切だから心配しているという「思い」を伝えていくことが重要だと思います。また、将来にわたっていろいろな影響が心配される性行為を、子ども自身はしてもいいと思うのか、もしものときどうするのか、といったことを子どもに問

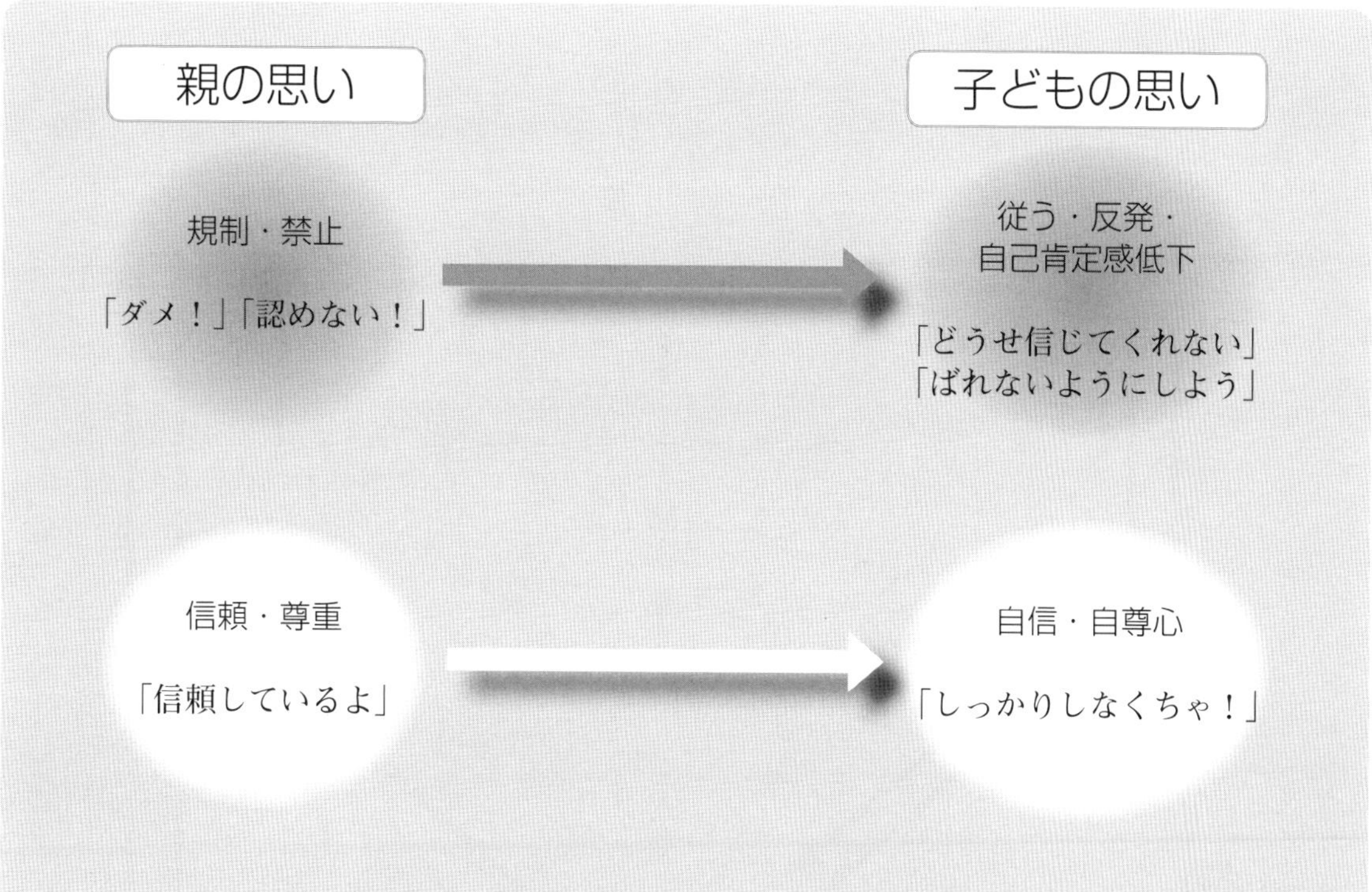
親の思い
子どもの思い
規制・禁止
「ダメ！」「認めない！」
従う・反発・
自己肯定感低下
「どうせ信じてくれない」
「ばれないようにしよう」
信頼・尊重
「信頼しているよ」
自信・自尊心
「しっかりしなくちゃ！」

図8-5　性に対する親の思いと子どもの思い

いかけてみることも大切だと思います。

また、子どもを信頼しているよ、というメッセージを伝えていくことも大切です。親が信頼してくれていることが子どもに自信を与え、「自分がしっかりしなくては」という自立の意識を芽生えさせるのではないかと考えます。たとえば、「あなたが選んで行く道を信頼しているよ。でも、何か少しでも困ったり悩んだりしたら、いつでも相談してね。どんなことが起きても、いつでもあなたの味方だからね」ということを伝えることも大切だと考えます（図8－5）。いざというときに帰る場所があるからこそ、子どもは安心して自立への道を歩き出せるのではないかと思います。

5　まとめ――性教育＝生教育

性教育は、性のことだけを教えるものではありません。子どもたちが、二次性徴の発現という大きなストレスを乗り越えて、これまで大人に守られてきた「健康」を、自分自身で守れるようにすることではないかと考えます。

学校・家庭・地域……誰もが、子どもの健康に関わる存在であるといえます。学校での保健学習や保健指導、家庭での親子の信頼関係、地域での子どもを見守る環境……どれが欠けても成立しないものです。いろいろな立場の人びとが、それぞれの生き方をふまえて、それぞれの場所で、子どもたちの健康を応援していくこと。それこそが、性教育であり、生教育であると考えます（図8－6）。

今、自分がいる場所で何ができるかを一人ひとりが考えていくことが大切です。

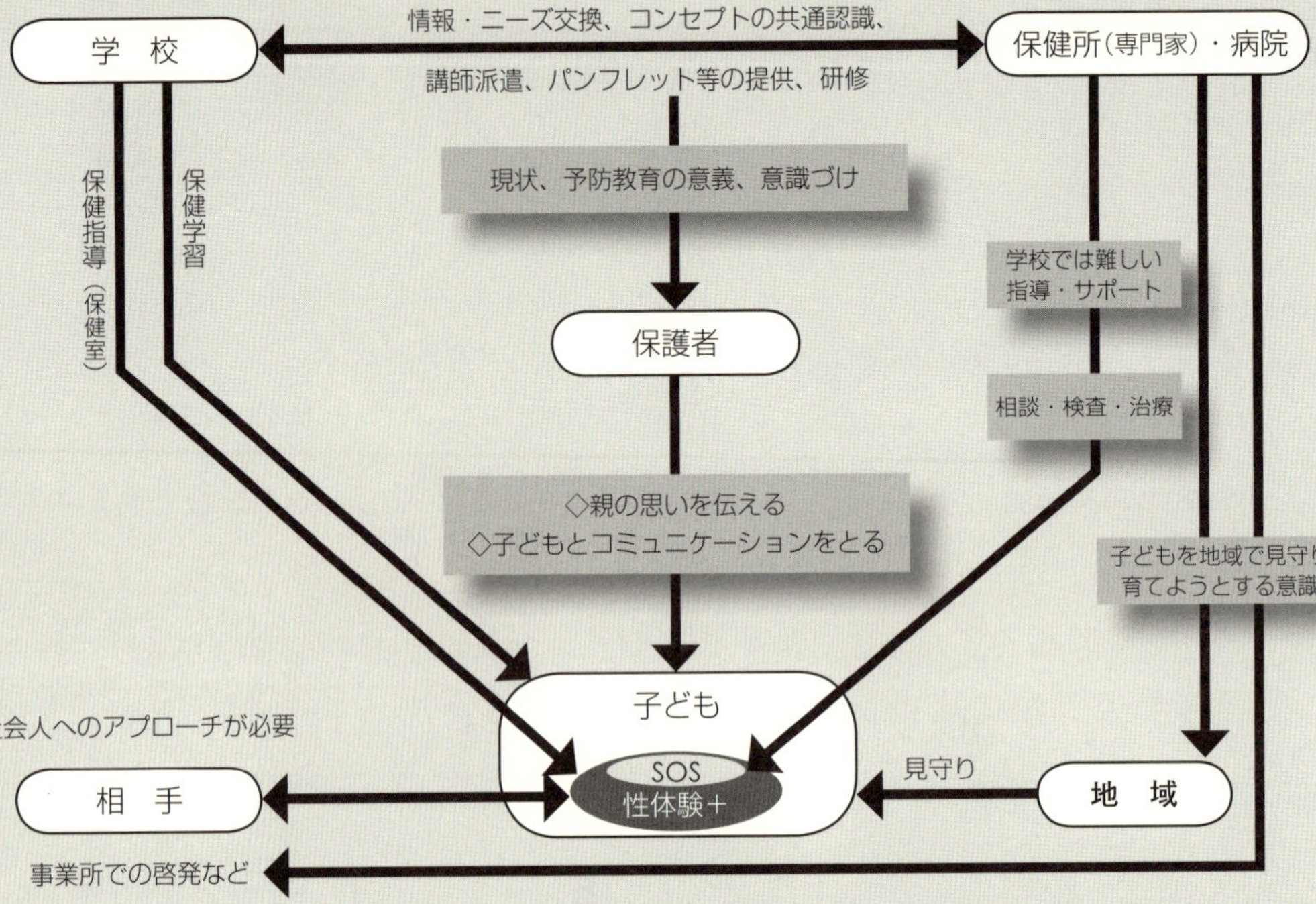
学 校
情報・ニーズ交換、コンセプトの共通認識、
講師派遣、パンフレット等の提供、研修
保健所（専門家）・病院
現状、予防教育の意義、意識づけ
保健指導（保健室）
保健学習
学校では難しい
指導・サポート
保護者
相談・検査・治療
◇親の思いを伝える
◇子どもとコミュニケーションをとる
子どもを地域で見守り
育てようとする意識
子ども
SOS
性体験＋
社会人へのアプローチが必要
相 手
見守り
地 域
事業所での啓発など

いろいろな価値観があるなかで、いろいろな性教育があっていい！

たくさんの人が……
保健体育で、学級活動で、道徳で、総合的な学習で、保健指導で……
親が、地域の大人が、塾の先生が、部活の先生が……
同年代の仲間が……

それぞれの生き方を踏まえて性を語る

そうすることで、子どもたちはたくさんの価値観のなかから、
自分の考え方、生き方を確立していけるのではないでしょうか。

それが「性教育＝生教育」ということです

図 8-6　学校・家庭・地域ができること

9章
非行問題

浅野 恭子
Yasuko Asano

1 非行少年とは

何を非行や犯罪と呼ぶかは、時代や地域、文化によって変遷します。「殺人」でさえも、時代や地域、社会状況によって、「正義」の名のもとに正当化されることがあるのですから。虐待や、家庭内での夫から妻や子への暴力についても、つい最近までは家長や親に従わない「おんな」「子ども」が殴られてもあたりまえ、それどころか殴られるようなことをするほうが悪いかのように言われていたくらいです。

犯罪と同様、何が非行とみなされるかについても変遷があると言えるでしょう。子どもが夜間にウロウロしていたら、それだけで「非行」と言われた時代もそう昔のことではありません。しかし今では、夜の十時過ぎに、塾帰りの小学生がコンビニでジュースを買っていても不思議ではありませんし、もちろんそれを「非行少年」と呼ぶ人はいません。また一昔前は、嫁入り前の十代の娘がセックスをすれば、それだけで「不良」と呼ばれたでしょうが、今は、セックスの経験がない子よりも、ある子のほうが多いといわれる時代です(3)（表9-1）。

法的には、非行少年（二十歳未満）は、年齢によって「触法少年」と「犯罪少年」にわかれています。十四歳未満の刑罰法令違反者は、「触法少年」と呼ばれています。責任能力があるとはみなされていませんが、事実上は犯罪をおこなった者とみなされています。十四歳以上二十歳未満の違反者は「犯罪少年」ですが、少年の場合は、大人と同じ行為をしても、多くの場合は、刑罰ではなく保護処分を受けることになります。

ただ、非行少年という場合には、刑罰法令に違反している者以外に、そのまま放置すると刑罰法に触れる虞《おそ》れのある「虞犯《ぐはん》少年」も含まれています。少年法によると、虞犯少年と言われる要件は以下の四点です(1)。

表 9-1　非行に直面したとき

非行はいつから始まるのか

いわゆる「非行」と呼ばれる行動の芽は、いったい、いつごろから出てくるのでしょう？　同じような行動が幼いころに見られても、それが「非行」へと進んで行くか否かは、何によってわかれるのでしょうか。そして大人は、子どもたちの見せるさまざまな行動を、どのような眼差しで見つめ、どのような支援をおこなっていくのが良いのでしょうか。

子どもの年齢が低いほど、その「問題行動」は、環境からの学習・模倣の要素が強いので、保護者の学習支援を、子どもへの教育的・治療的ケアと並行して進めていくことが望まれます。

次に、子どもがどの年齢層であれ、「だめなものはだめ」と、社会的ルールをきちんと教えていくこと、そして、そのルールが定着するように支援することが大切です。ただし、その方法となると一律ではなく、子どもの年齢や特性に配慮した教え方や支援を検討する必要があるのは言うまでもありません。

子どもの将来のために

しかし、こうした支援にもかかわらず、子どもたちが行動をコントロールできなくなったときには、なんらかの行動制限を加えることを考えるべきでしょう。そして、非行行為によって、子ども自身もしくは他人の心身の健康を脅かす可能性が高いと判断される場合には、施設などを活用して、より構造化された条件のなかで子どもへの支援をおこなうことも検討する必要があります。

親なら誰しも、わが子の非行に直面するとショックを受け、その行為による周囲（被害者）や子ども自身への影響を最小のものと考えようとするものです。しかし、そのときどきの対処の甘さ（だめなことをだめだと明確に伝えない、制限をかけきれないなど）やケアの不充分さ（子ども自身でコントロールできなくなっているのに放置する、子どもの気持ちを聞こうとしないなど）によって、将来的に不利益をこうむるのは子ども自身です。

排除するのではなく

児童相談所など、客観的視点にたてる機関に相談しながら、親として、あるいは教師として、どう対応するのがいいのかを、しっかりと考えていくことが望まれます。

もしも、入所施設を利用するという方針を立てた場合には、その子を学校や地域から「排除」するのではなく、どうやって、再び地域に迎え入れるかということをゴール（目標）としてイメージしながら、支援計画を描いていくことが大切です。

① 保護者の正当な監督に服しない性癖のあること
② 正当な理由がなく家庭に寄りつかないこと（**表9-2**）
③ 犯罪性のある人若しくは不道徳な人と交際し、又はいかがわしい場所に出入りすること
④ 自己又は他人の徳性を害する行為をする性癖のあること(2)

2 非行へのプロセス

生まれついての非行少年や非行少女は存在しません。素質（生まれ持ったもの）と環境（人間関係や居住地域の文化など）の相互作用の結果、今のこのような特徴を備えた「子ども」が存在しているのです。大人だって同じことです。

A子は、「非行少女」と呼ばれるような中学時代を過ごしてきました。どういう道をたどったら非行に走るといった決まったものがあるわけではありませんが、A子のライフ・ストーリーを聞くと、このときに誰かが彼女の気持ちを受けとめることができていたら……という思いが湧き起こってくるのではないでしょうか。

図9-1は、A子の非行が深まっていくプロセスを、彼女が語ったライフ・ストーリーを元にサイクル（＝悪循環）に整理したものです（複数の事例を混ぜ合わせています）。

このサイクルの上側は、非行の悪循環に入っていく前の「警告」サイクルです。「父母ともに家にいないことが多い。寂しい（☆印）」というところから、時計回りに進んでいきます。

父母と一緒に過ごせない寂しさを理解されないうえに、たまに家族がそろうと父母が喧嘩をしはじめます。父との喧嘩でイライラが募った母から、八つ当たりをされるようになります。しかし、A子は、母に嫌わ

表9-2　虞犯要件「正統な理由がなく家庭によりつかない」とは？

子どもが家に帰りたくなくなるのは、どんなときでしょうか。そのはじまりは、家族の誰かから身体的暴力や性暴力を受けていたり、まったくの放任状態で食事もままならない状態であったからかもしれません。また、親の不在が続いたり、両親が不仲で喧嘩ばかりしていたからかもしれません。こうしたさまざまな理由で、子どもにとって、家が居心地の良い場所でなくなったことが、家に帰りたくなくなった「はじまり」である場合も多いのです。

その後、子どもは、同じような境遇の仲間と出会い、彼らとの関係のなかに、帰属感を持つようになります。そして、虞犯要件③やときには④をあわせ持つようになるのです。自分なりの居場所が確保できると、「親なんて怖くない！」と、①の要素を強めてしまうことだってあるでしょう。子どもにしてみれば、いまさら「正当な」親づらをして、という思いがあるので、監督権をふりまわされると一層反発してしまうことになるのでしょう。

ここまでくると、表面的には「正当な理由がなく」、つまり「自分勝手に」家に寄りつかないように見えるかもしれません。しかし大抵の場合、非行少年と言われる子どもたちが家に寄りつかなくなりはじめたころには、子どもなりの「正当な理由」があるものなのです。

だからといって、②の状態のままで、あるいはそれに③や④も伴った状態に子どもを放置して良いということにはなりません。これこそ、子ども自身の心身の健康、健全な発達成長が阻害される状態であるからです。

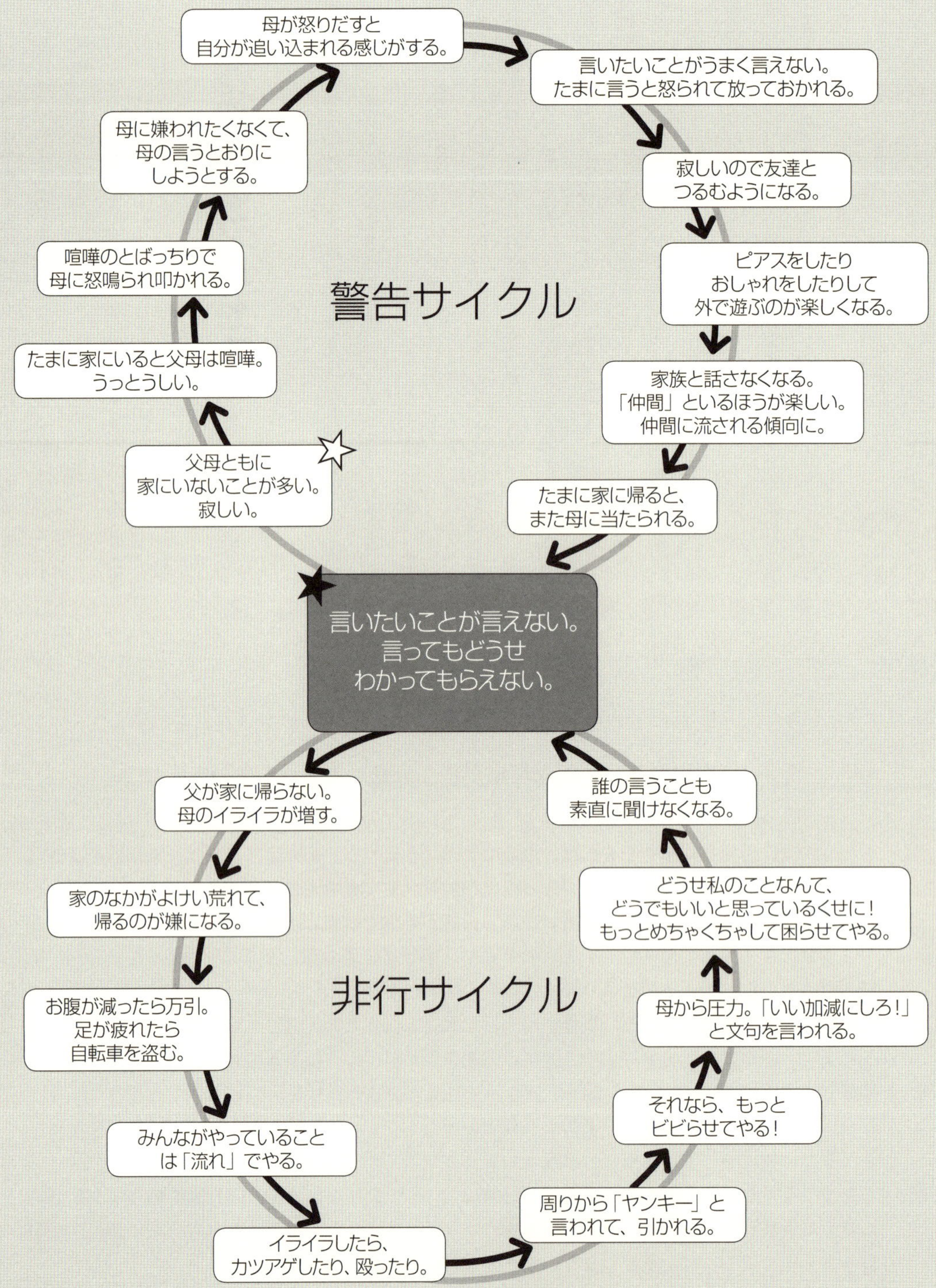
母が怒りだすと
自分が追い込まれる感じがする。
言いたいことがうまく言えない。
たまに言うと怒られて放っておかれる。
寂しいので友達と
つるむようになる。
ピアスをしたり
おしゃれをしたりして
外で遊ぶのが楽しくなる。
家族と話さなくなる。
「仲間」といるほうが楽しい。
仲間に流される傾向に。
たまに家に帰ると、
また母に当たられる。
言いたいことが言えない。
言ってもどうせ
わかってもらえない。
父母ともに
家にいないことが多い。
寂しい。
たまに家にいると父母は喧嘩。
うっとうしい。
喧嘩のとばっちりで
母に怒鳴られ叩かれる。
母に嫌われたくなくて、
母の言うとおりに
しようとする。
警告サイクル
非行サイクル
父が家に帰らない。
母のイライラが増す。
家のなかがよけい荒れて、
帰るのが嫌になる。
お腹が減ったら万引。
足が疲れたら
自転車を盗む。
みんながやっていること
は「流れ」でやる。
イライラしたら、
カツアゲしたり、殴ったり。
周りから「ヤンキー」と
言われて、引かれる。
それなら、もっと
ビビらせてやる！
母から圧力。「いい加減にしろ！」
と文句を言われる。
どうせ私のことなんて、
どうでもいいと思っているくせに！
もっとめちゃくちゃして困らせてやる。
誰の言うことも
素直に聞けなくなる。

図 9-1　A子の警告サイクル・非行サイクル

☆印から始まった上段の警告サイクルが、中心の★印をきっかけに下段の非行サイクルへと移行。

れたくなかったので、母の言うとおりにしようと頑張ってみます。母が怒り出すと、自分が悪いような気がして、追いこまれるような気分です。自分の気持ちを言いたいのですが上手く言えません。たまに思っていることを言うと、母に怒られて突き放されてしまいます。

やがて、寂しさを友達づきあいのなかで慰めるようになります。ピアスをしたりおしゃれをして友達と遊ぶのが楽しくなってくるのです。自分の話を聞いてくれない家族からは遠ざかり、気持ちは仲間へと向かいます。

そんななか、たまに家に帰って母に向き合おうとしても、また当たり散らされてしまいます。「言いたいことが言えない。言ってもどうせわかってもらえない」という思いが募るなかで、下側のサイクルへと突入していきます。下側のサイクルは、非行が深まっていく悪循環、「非行サイクル」です。★印の枠から反時計周りに進みます。父が家に帰らないことが重なり、母のイライラが増してきます。一層家のなかがすさんできて、A子は、家に帰るのがよけい嫌になってくるのです。やがて、おなかが減ったら万引きをし、疲れたら自転車を盗み、仲間とウロウロするようになります。仲間こそが大事となり、ノリのいい子だと思われたくて、流れにのって、どんどん非行を重ねていきます。親のことでイライラしたら、弱そうな子を見つけてカツアゲし、ついでに殴ってスカッとします。周りの人からは、引いて見られるようになっていきます。そして、冷たい目で見るなら、もっと恐がらせてやろうと、ますます威圧的になっていきます。

外での行動が荒れてくると、いまさらのように母が口やかましくなってきました。しかし、「どうせ私のことなんて、どうでもいいと思っているくせに！」と、よけい腹が立ってくるのです。もう誰の言うことも素直に聞けなくなります。自分の思いは、「言っても、どうせわかってもらえない」。そんな状態が続くなか、延々と、下側のサイクルは回り続け、深みにはまっていくのです。

おそらくは、すべての「非行少年」「非行少女」に、A子のような非行へのプロセス（警告サイクル）や、非行が深まる悪循環（非行サイクル）が存在するでしょう。このように、非行に至るまでも、また非行が深まる際にも、「プロセス」があるということは、「介入のチャンス」も一度ならず存在するということになるのではないでしょうか。

3 非行行動への対応（その1）——発達段階の考慮

同じ「行動」であったとしても、子どもの年齢（発達段階）に配慮した対応が必要なのは、言うまでもありません。「盗み」を例に、その理解と対応について考えてみましょう。

1. 幼児期

もし、幼児がお店のものを手にとってそのまま食べたり、持ち帰ろうとしたら、どうするのがいいでしょうか。これもまた、年齢によって厳しく言う度合いは異なるでしょうが、基本は、お店のものを勝手にとってはいけないと教えるということになります。

また、お店のものではなく、友達のおもちゃなどを勝手にとった場合にも、基本的対応は同じです。友達のものと自分のものを区別すること、どうしても使いたいときは、「貸して」と言って、相手が「いいよ」と言ったら使えるということを教えることになるでしょう。

このように、幼児に対しては、まだ社会的ルールを知らないということを前提に、子どもが理解できるまで根気づよく繰り返し教えていくという対応になります。基本ルールをマスターできたとしても、社会のルールには、例外や暗黙の決まりごとなどもあります。そのため、幼児が日常的にでくわすシチュエーションに限っても、なかなか時間がかかる学習となるのです（たとえば、店頭のパンは食べてはいけませんが、試食用に切ってあるパンは食べてもいいことになっています。どうしてこのパンは良くて、あのパンはだめなのかということも、一つひとつ幼児は日々学習し続けていくのです）。

しかし、こうした社会の基本的なきまりごとが幼児期にきちんと教えられていなかったり、子どもが自分と他人の「境界」をやぶっても、注意されるときとまったくされないときがあると、子どもがその後、自分で社会のルールを学び、身につけていくことは難しくなるでしょう。また、子ども自身の「境界」がたびたび侵害されるようでは、子どもにルールを身につけさせるどころではありません。

幼い子どもは、まわりの大人を見てルールを学んでいきます。幼児期はまさに「模倣」の時代です。子どもは「良い」とか「悪い」とかの価値判断なく、周りの世界を模倣していくのです。そうであるとすれば、子どもを責めるのはお門違いです。子どもが理解できるようにルールを教え、子どもが学べるよう環境を整えてやることが大人の責任ということになるでしょう。そして、当然のことながら、この年代の子どもが「盗み」や「暴力」といった行動をしたとしても、それを「非行」とは考えないのが普通です。一般的には「しつけの問題」とされ、親業訓練プログラムなどにより、親（養育者）側に、子どもへの対応の仕方を学んでもらうといった支援が中心になるでしょう。

2. 小学校低学年

就学後における「盗み」について考えてみます。基本的には、就学までに、自他の境界は理解されているものです。何が「盗み」になるかということや、「盗んではいけない」という社会的ルールについては、知的に理解している場合がほとんどでしょう。

それでは、なぜ「盗む」のでしょうか。就学後の盗みについては、いくつかの視点から考えていくことが必要です。

① 物質的不足の有無
② 精神的不充足感の有無
③ ルール学習の未達成

この年ごろの子どもは、まだまだ親が絶対という世界に生きているため、意識的に親の鼻をあかしてやろうという「反抗心」から盗みをすることは稀です。親を怒らせるようなことばかりしている子どもであったとしても、親の気を引きたい、親のお気に入りになりたいと思っているものなのです。

この年齢層の子どもが「盗み」をしている場合に考えておく視点としては、まず①にあげたような物質的不足がないかどうかです。家庭できちんと食事が与えられているかどうか、必要なものが買い与えられているかどうかの確認をします。物質的な不足から子どもが盗みをすることもありうるからです。子どもが放っておかれている場合や、家庭が経済的に逼迫していて子どもの養育が充分できない状態になっているようであれば、相談機関（児童相談所や福祉事務所など）と連携して支援にあたる必要が出てくるでしょう。

それに加えて②にあげたように、親に充分にかまってもらえない、きょうだいと待遇が違う、親の長期的不在、友達からの疎外、といった状態が続くときなど、子どもは精神的な不充足感から万引きをしたり、友達のものを取り込むといった行動をしてしまったりすることもよくあることです。ただし、子ども自身は、自分の精神的不充足感と盗みという行為のつながりを意識しているわけではありません。精神的な不充足感が背景にある「盗み」は、なかなか止められない場合が多いでしょう。こういうとき、盗みはいけないと改めて教えたり、盗みたくなったら「立ち止まって考える」、あるいは「その場を離れる」といった具体的な行動を教えたりもするでしょう。しかし、それだけでなく、子ども自身の「不充足感」に対するケアを忘れてはいけません。その際に、家庭との連携（親との話し合い、家族調整など）は、不可欠です。「盗みをするコイツ（子ども）がけしからん」ではなく、盗まざるを得ない子どもの「不充足感」を、周りの大人が理解していこうという姿勢が大切です。

③にあげたように、子どもがルールの学習を達成できていない場合は、どこで、どのようにつまずいているのかを丁寧に見ていくことが大切です。そして、幼児への対応と同じように、ルールとして理解できるまで、その子にあった方法で、繰り返し、根気強く教えていくことが必要です。

この年代の子どもの「盗み」についても、多くの場合、「非行」と呼ぶにはまだ抵抗があるのではないでしょうか。子どもの「性格行動上の問題」と捉えて、子どもの心理的・教育的ケアと家庭や学校の環境調整を図るというのが、一般的な対応となるでしょう。

3．小学校中学年（三、四年）のころはどう考えるのか

小学校三、四年生のころというのは、実に「微妙な」時期です。周囲の大人には案外わかりにくいのですが、子どものものの見方や捉え方が大きく変化していくころにあたります。この時期以降に表面化する可能性が高い「何か」が、子どもの内部で起こっているのです。

低学年までは、ただ言われるがままに「大人の言うこと」を受けとめていた子どもたちが、このころになると、なんとなく「大人の言うこと」に疑いを持ったり、別の考え方があることを知るようになります。そうした疑問や混乱は、まだ漠然としたものであって、子どもの意識の表面には現れませんが、その後に続く高学年（＝思春期・反抗期・第二次性徴期）に、確実に引き継がれていきます。

そして実際に、この「中学年」を境に、大きな変化を見せる児童もいるのです。たとえば、いじめられたり、泣かされたり、逃げ回っていた子ども（被害者）が、この時期を境に一八〇度転換して、暴力をふるう側（加害者）になっていく場合もあります。

高学年になって、急に行動が変わるのではなく、この時期までの子どもの経験が、ひそかに認知の歪みを生んでいるかもしれません。そして、その後、その歪みゆえに感情コントロール不全となり、さまざまな「問題行動」が出現することもあるのです。

九歳ごろというのは表面的には大きな問題が起こらず、平和に推移しているように見える時期ですが、子どもの内面で静かに起こっている大きな変化を注意深く見守ってもらいたい時期なのです。

4．小学校高学年〜中学校

思春期に入ってくると、「盗み」も派手になってきます。盗むものも、かつては、お菓子やおもちゃ、文房具程度だったものが、化粧品や服飾品、自転車、バイクと多種多様になってくるのです。チームを組んで組織的に万引きをやっている場合もあり、テクニックの面でもある意味「高度化」してきます。

盗むという行為そのものが、友達づきあいの方法になっている場合もあるくらいです。スリルがある、親への腹いせ、金を払うなんて馬鹿らしいなどなど、彼らが語る「盗む理由」の向こう側に、生きている意味が感じられない空しさ、自分の思いをきちんと伝えられない・理解されないという孤独感、持って行き場のない怒りなどが垣間見えます。

さすがにこのくらいの年代になると、「非行」という言葉がしっくりくるようになります。裏返せばそれだけ子どもの「自我」が確立してき

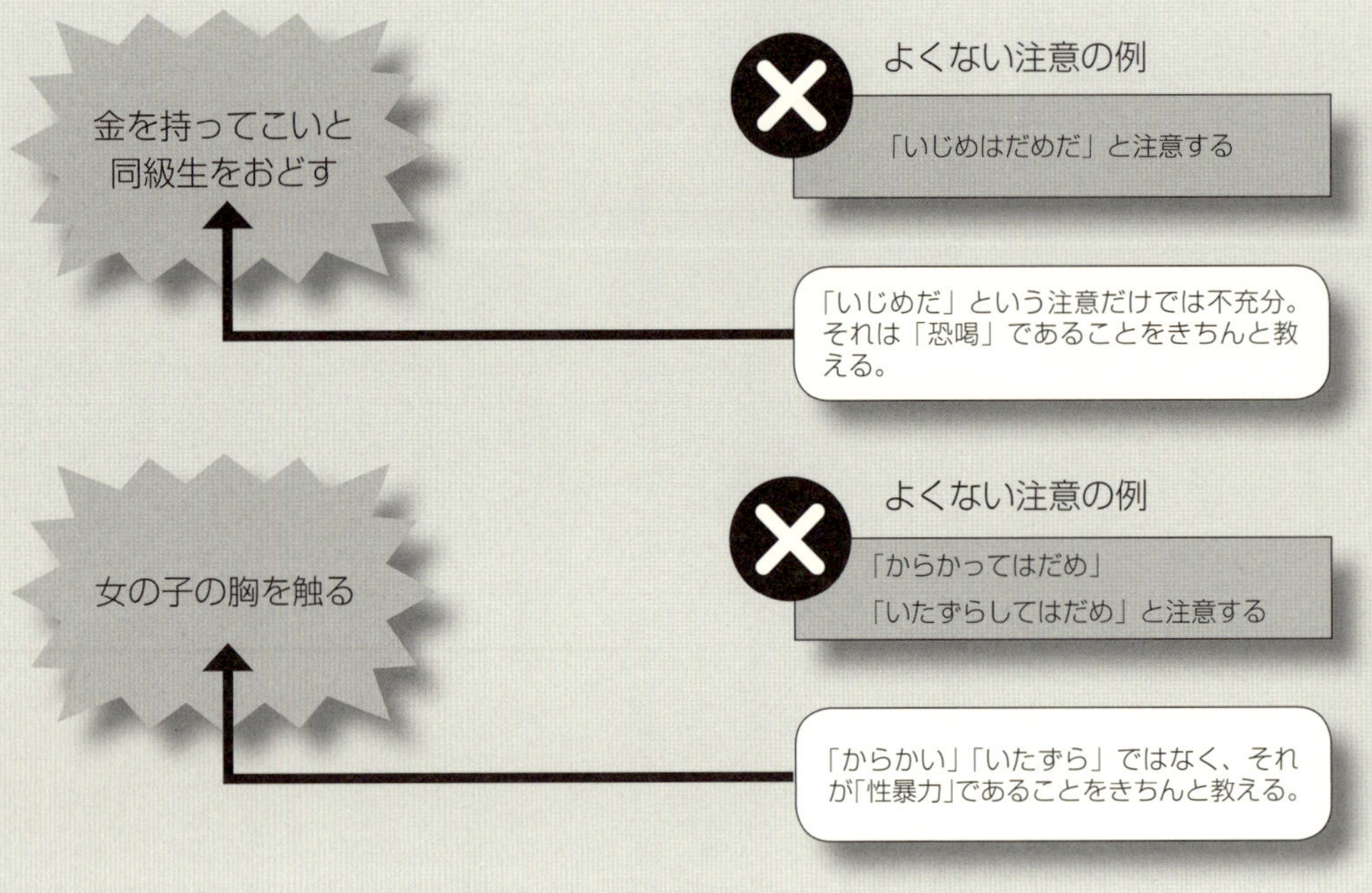

金を持ってこいと
同級生をおどす
よくない注意の例
「いじめはだめだ」と注意する
「いじめだ」という注意だけでは不充分。それは「恐喝」であることをきちんと教える。
女の子の胸を触る
よくない注意の例
「からかってはだめ」
「いたずらしてはだめ」と注意する
「からかい」「いたずら」ではなく、それが「性暴力」であることをきちんと教える。

図 9-2　他者の人権を侵害する行為への対応

ているのです。子ども自身が自分の行動に責任を負っていくということを、きちんと学んでいけるだけ成長してきているということなのです。

したがって、この年齢層には、自分の行動に対する「責任」とはどういうことなのかを、本当の意味で教えていくことが大切です。「責任」には、いろいろあるでしょうし、罰（刑罰という意味ではなく本人にとっての悪い結果）を与えるということもときに必要でしょう。しかし、それだけでは充分ではありません。子ども自身が、①なぜ盗んだか、もう盗まないですむにはどうしたらいいかを考え、そして、②実際に盗まない生活を続け、さらに、③盗みによって被害を受けた人に謝罪・弁償するところまでを「責任」として考え、それらを子どもが果たしていけるよう、大人がサポートすることが大切です。[3]

4 非行行動への対応（その2）——他者へ向かう、自分に向かう

非行行動を、大きくわけると、主として他者の人権を侵害するものと、自分の心身の健全な発達を損なうものとにわけられます。

1. 他者の人権を侵害する行為への対応

他者の権利（人権）を侵害する行為（あらゆる種類の暴力）については、「だめなものはだめだ」と、きちんと教えていくことが何よりも大切です。子どもの喧嘩だ、いたずらだと、大人が軽視してはいけません。特に、大人がしたら刑罰法令違反になると、はっきりわかるような行為については、それをきちんと教えるべきです。

図9－2のような他者の人権を侵害する行為については、「絶対ダ

薬物乱用をしていたB太郎は、薬物をやっていて、今良いことと悪いこと、将来良いことと悪いことを以下のように整理しました。

今・良いこと

○嫌なことを忘れられる
○ストレス解消
○普通の自分に戻れた感じがする

将来・良いこと

○誰かが薬物をやったときに止めることができるかもしれない

今・悪いこと

●薬が切れたときにすごくしんどい
●叫んだりしてしまう
●とんでもないところに行くことがある
●イライラするときがある
●なかったらすごく不安になる

将来・嫌なこと

●体がボロボロになる
●ちゃんと生活できなくなる
●普通の人から相手にされなくなる
●他の悪いこともしてしまうかも

図 9-3　B 太郎の「女神の天秤」

援助交際を繰り返していたC子は、援助交際をやっていて、今良いことと悪いこと、将来良いことと悪いことを以下のように整理しました。

今・良いこと

○欲しいものが手に入る
○お金がもうかる
○色気で人をあやつれる
○もてる

将来・良いこと

○経験になる
○世渡りがうまくなる

今・悪いこと

●病気になるかもと、いつも心配
●妊娠したらどうしようと心配
●見つかってつかまるのが心配

将来・悪いこと

●体をこわすかも
●変な目で見られるようになる
●友達が減るかも
●本当に好きな人ができたとき後悔する

図 9-4　C 子の「女神の天秤」

メ！」という姿勢を堅持しながら、そうした行動が起こったときを捉えて、きちんと指導すること（教えること）が第一ステップです。そして、そうした行動を繰り返さないようにするためのケア（教育、治療）が必要となります。

2. 子ども自身の健全な発達を損なう行為への対応

ここには、飲酒・喫煙・薬物乱用・援助交際・家出・浮浪などが含まれるでしょう。こうした行為を止めようとすると、「誰にも迷惑をかけてない」というセリフが返ってくることがほとんどです。やめさせようとすればするほど、逆効果となる場合も多いでしょう。

しかし、子どもの飲酒や喫煙、不特定多数との性交渉、薬物乱用にどのようなリスクがあるのかをきちんと教えるのは、大人の役割です。「だめだ、だめだ」だけではなく、正確な科学的知識を大人のほうが身につけて、きちんとそのリスクを伝え、子ども自身に、自分にとってのメリットとデメリットを考えさせていくことが重要です。たいてい、どの子も自分のおこなっていることが百パーセント良いとは思っていないのです。悪い（デメリットがある）と思いながらやっているからこそ、「誰にも迷惑かけてない！」という開き直りも出てくるのでしょう。

前ページの二つの事例（**図9－3**、**図9－4**）は、薬物乱用、援助交際がやめられない子どもたちに、その行動のメリット、デメリットを整理するために書いてもらったものです（複数の事例を混ぜ合わせてあります）[(1)~(3)]。これは「女神の天秤」といって長期的短期的損得について、より明確にさせ行動変容を促すための課題です。

図9－3、**図9－4**の事例にも示されているように、こうした行為には、「やらずにはいられなくなる」という子どもなりのメリット（やる理由）が必ずあるものです。本当に支援をするとなると、そうしたその子にとっての薬物や援助交際の「意味」を否定せずに、いったんは受けとめることが大切になってくるのです。そのうえで、こうした行為を続けることによって、どんな感情を抑圧したり、あるいはどんな欲求を充足しているのかについて子どもと一緒に考えていくのです。そして子ども自身が、これからどう生きたいのかを明確にしていくことを支援し、こうした行為を「やめる」のか「やめない」のかを自分で決めさせていくということが大切です。子どもが「やめる」と決めたときは、続いて、どうしたらやめられるかを一緒に考えていくことになるでしょう。

5 非行行動への対応（その3）——行動制限について

非行行動を抑えるために、よくとられる行動制限の方法は、「大人との約束」です。「もう二度としないこと」、あるいは「次からはこのようにすること」といった約束をするのです。このとき、子どもが約束の大切さをしっかり意識するように、できるだけ立場の異なる大人（親、教師、ケースワーカーなど）が複数入った、パブリックな場でおこなうほうが良いでしょう。約束の内容を決めるときには、大人が譲れない一線を明らかにしながらも、子どもが実際に守れる約束をすることが肝心です。あまりに高すぎるハードルを設定することは、逆効果となります。併せて、その約束を守ることで、本人にどのようなメリットがあるのかを考えさせることも必要です。

約束をしたら、一定の期間ごとに、守れたかどうかをきちんと評価します。守れたことはとにかく褒め、守れなかった点については、どうしたらできるようになるかを一緒に考えましょう。そしてまた、改良した約束の実行に移るのです。

表 9-3　物理的に行動制限する方法

❶ 児童相談所で一時保護

保護期間はおおむね 3 週間程度です。保護者の同意は不要です。

❷ 警察を経て少年鑑別所に入る

その後、審判を経て、下記❸、❹となったり、家庭復帰したりする場合などがあります。

❸ 児童自立支援施設への入所

児童相談所の措置によります。基本的には、保護者の同意が必要。家庭裁判所の審判で送致が決定されることもあります（**表 9-4** 参照）。

❹ 少年院への入院

家庭裁判所の審判によります。

❺ 病院への入院

保護者の同意が必要です。

こうしたプロセスを繰り返すうちに、子どもの行動に徐々に変化が見られてきたら、それ以上の特別な行動制限は必要ないでしょう。

しかし子どもは、必ずしも約束を守れるとは限らないのが実情です。子どもが自分で自分の行動がコントロールできなくなっている場合で、本人の心身の健康にとっての危険、また他者の心身の健康にとっての危険が高いと判断される場合、本人の活動する空間を制限し、物理的に行動制限をするという方法を考える必要があるでしょう（**表９－３**）。

物理的な行動制限は、児童を排除するためにおこなうものではありません。いったん、コミュニティ（共同体・地域社会）から分離したうえで治療・教育的介入をおこない、再び迎え入れるということなのです。

行動制限をされると、児童は苦しくなります。なぜでしょうか。それは、これまで「行動化」することによって解消していた感情や衝動の処理が難しくなるためです。言い換えれば、物理的制限をかけて「行動化」できないようにすると、これまでごまかしてきた感情や衝動に向き合う好機（介入する好機）が得られるということになります。

これまで周囲を振り回してきた子どもが、家や学校、地域から姿を消すと、それだけでホッとしてしまいがちになるというのもよくあることです。しかし、こうした行動制限をかけた時点から、地域での再受け入れの準備がスタートするのだという意識を持つことが肝要です。

子どもだけが反省して責任をとればいいのではありません。大人は、どうすればこれからその子が家庭で、学校で、地域で、コミュニティの一員としてやっていけるのかということを考え、そのための条件を整える責任を負っているのです。

表 9-4　児童自立支援施設での生活

児童自立支援施設は、児童福祉法により、都道府県・政令指定都市に設置が義務付けられている児童福祉施設です。

歴史的には、「感化院」「教護院」と言われてきた施設であり、非行を犯した児童、あるいは非行を犯すおそれのある児童を主として支援の対象としてきました。少年院とは異なり、外から鍵をかけない開放施設です。家庭裁判所の審判により、児童自立支援施設送致となることもありますし、児童相談所が相談を受けた結果、入所の必要性を判断することもあります（いずれの場合も、児童相談所による措置として入所します）。入所期間は、子どもの状況によってさまざまですが、1～2年程度となるのが一般的です。

児童自立支援施設は、施設内に「学校」を持ち、子どもたちの生活は敷地内で完結するようになっています。施設での支援の3本柱は以下になります。

1. **学校を中心とした学習指導**
2. **畑や山林での作業指導**
3. **10名前後の小集団での暮らしを通しての生活指導**

伝統的には、夫婦の職員が自分の家族と共に住み込みながら、10名前後の子どもたちと生活を送る「小舎夫婦制」という形態がとられてきました。しかし近年、夫婦の職員の確保が困難であるなどの理由から、交代制へと移行する施設が多く、全国58カ所の過半数は今や交代制で運営されています。

児童自立支援施設の生活の特徴の一つは、日課がきちんと決まっており、皆がそれにのっとって生活するように促されていることです。入所するまでは不規則な生活をしていた子どもが多いので、睡眠、活動、食事のバランスを回復するまでの期間は、かなりつらいようです。しかし、それを乗り切ると、むしろ以前よりも心身の調子は良くなってくるものです。

こうして、生活のリズムが回復すると、子どもの本来的な力が発揮されるようになってきます。知的に、身体的に、情緒的に停滞していた子どもたちの発達が回復してくるのです。

子どもたちは、「どうせできない」「どうせわからない」とあきらめていたことにも挑戦するようになります。そして、体力的にも学力的にも徐々に自信がもてるようになってくる子どもが多いと言えるでしょう。

生活のリズムが安定すると、子どもたちが家族のことや、自分自身のことについても落ち着いて考えることができるようになってくるものです。平成18年度より、児童自立支援施設にも心理療法士の配置が国で認められるようになりました。今後は、3本柱の指導による基本的な生活の安定のうえに、子ども自身の問題行動に焦点をあてた心理的な支援もおこなわれるようになることが期待されています。

6　非行問題についてのQ&A

Q　子どもの非行について相談できる機関を教えてください。

Ⓐ　子どもの年齢や非行の進み具合にもよりますが、まずは、児童相談所に相談をしてみてはどうでしょうか。児童相談所は、都道府県、政令指定都市に必ず設置されている相談機関で、乳幼児から十八歳までの子どもについての、あらゆる相談を受けています。子どもの状態を把握したうえで、必要に応じて一時保護、児童自立支援施設への入所（表9－4）、家庭裁判所への送致などをおこなったり、家庭への助言や児童や保護者への継続的な指導をおこないます。また、警察や家庭裁判所からの送致を受けて、児童や家庭への支援をおこなうこともあります。

Q　子どもから、非行について打ち明けられましたが、誰にも言わないでほしいと言われました。どうしたらいいでしょう。

Ⓐ　大人としての、責任ある対応が望まれます。まずは、子どもが置かれている状態が、どのようなものなのかをきちんと判断する必要があるでしょう。秘密にしておいて、その子自身の安全、もしくは他の人の安全が守れるでしょうか。その秘密を個人で抱えていることで、支援のタイミングを逸することもあるということも忘れてはいけません。また、他の人に伝える場合は、事前に、なぜこの話を他の大人と共有しなければならないのかを、子どもにきちんと説明することが大切です。

同時に、その子は、あなたと「秘密」を共有することで、何を期待していたのかについても検討する必要があります。「秘密」を打ち明けることで、大人を操作しようとする場合もあることに注意してください。

10章

いじめ予防
——ストレス・マネジメントを通して

冨永 良喜
Yoshiki Tominaga

この章ではいじめ予防のために教師がストレス・マネジメントを通してできることを具体的に考えていきます。

1 はじめに

いじめ予防のプログラムは、いじめがあまりないクラスか、まだ人間関係がこじれていない新年度のはじめにおこなうのがいいでしょう。いじめが頻発しているクラスや「いじめ」という言葉を聞いただけで泣き出す子がいるようなクラスでは、この授業案は実施できません。

そのようなクラスではまず、試合や試験などの日常のストレスをテーマに、ストレスの仕組みを学び、漸進性《ぜんしんせい》弛緩法やイメージ呼吸法などの眠りのためのリラックス法を十分に体験してもらいます。そうやって心地良い体験を培ったうえで、このプログラムをおこなうほうが良いでしょう[1]。

本プログラムは、いじめという出来事が、日常的なストレス（daily stress）というよりも命を脅かす出来事（traumatic stress）であるとの立場をとっています[2]。そして、いじめはトラウマ反応を引き起こしますが、それが回復できることも授業のなかで伝えておきます。いじめ加害をしないために、怒りを和らげたり、人を傷つけない表現に怒りを変えることができることを体験してもらいます。

2 準備

このプログラムを実施するにあたって必要なもの、準備しておくべき

教室の準備

1. 教室内の机を後ろに片づけて、椅子だけにします。椅子を2列の半円形に並べて前後の席で同性同士がペアを作れるようにして座ります。

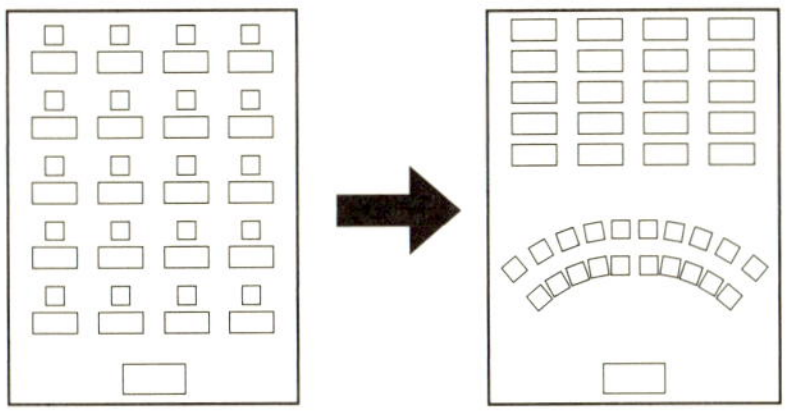

2. 各自が筆箱と下敷きを用意します。

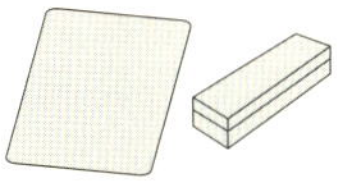

3. 休み時間のうちに、前もって「できごと」（ストレッサー）「心とからだの変化」（ストレス反応）「くふうと対処」（ストレス対処）の3枚の文字カードと表情絵を黒板に貼っておきます。

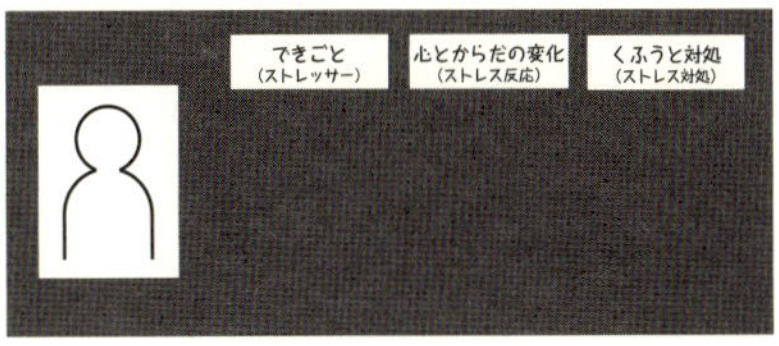

事前に用意しておくもの

1. 12項目の気分調査票（図10-2）

2. A、B、C、D、Eさんのカード

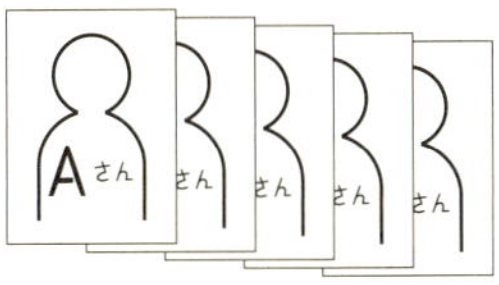

3. ハート（三層式のもので一番下から赤→黒→白の順で紙でくるんでおく）

4. 「緊張」「怒り」「悲しみ」「喜び」の表情絵カード

5. 「STOP」「くさったことば」「おいしいことば」のカード

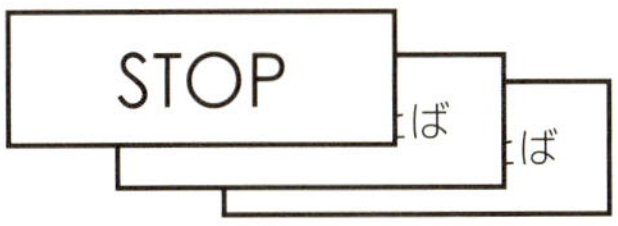

図10-1　プログラムの準備

ことがあります。図10－1にあるような準備をしてください。

3 授業の流れ

まず、小学校高学年でのプログラムの実施の具体例を見ていくことにします。このプログラムに必要な時間は約五十分くらいです。

1. 日常ストレスの心理教育と今の気分チェック

まず日常のストレスがどんなものなのか、自分の気分の把握と共に考えさせます。

教師 この時間は、「ストレスといじめ」について一緒に学びたいと思います。これ（黒板の顔を指して）、どんな顔に見えますか。

生徒 緊張してる顔。

教師 そうですね。緊張した顔です。こんな顔になるときってどんなときかな？

生徒 試合。

生徒 テスト。

生徒 発表……。

教師 そうですね。試合やテストや発表のとき、顔だけが変わるのかな？ 身体や心はどうなるかな？

生徒 （四人グループで話し合い、じゃんけんで発表者を決めて、発表してもらう。話し合いは一分ぐらいの長さで）

教師 （子どもの発言をうけて、表情絵の身体に書いていく）そうですよね。心臓がドキドキ、手に汗をかく、身体が硬くなる、お腹や頭が痛くなる……。不安、イライラ、食欲がなくなる、夜眠れない……（図10－3）。いろいろ身体と心と行動が変化します。それはとても自然なことなんです。大変な出来事を乗りこえようと、心も身体もがんばっているんです。だから「あれ、どうしよう……」って、思わないで「おー、がんばってるなー」って思ってください。

じゃあ、皆さんの心と身体は今、どんな感じかな？ はじめに、今の心と身体をチェックしてみましょう（図10－2）。

名前を書いてください。みんながこの授業で、どんなことを感じたり考えたりしたか、担任の先生や校長先生が知りたいと思います。

目を閉じられる人は閉じてみてください（目を閉じられない子どもは、安全感が奪われるので、閉じることを強制しない）。今、心と身体はどうかな？ 疲れていないかな？ イライラしていないかな？ ってながめてみます（十秒ほど）（この間のざわつきなどのようすで、クラスの集中度がわかる）。

はい、それでは目を開けて（目を開けてもらってから、気分調査票を一項目ずつ読みあげ、生徒に回答してもらう）。

2. トラウマ・ストレスの心理教育

次に、ストレスの中でも強いトラウマとなるようなストレスについて考えさせます（図10－3）。

教師 私たちが体験する出来事のなかでも、試合とかテストや喧嘩っていうのは、日ごろよくあるストレスなんです。でも、「わあ、こわい！ 死ぬかと思った」というのも、一生のうちにあるかもしれません。もっと身近にこわいことがあります。一九九五年には阪神淡路大震災がありました。それは災害ですね。二〇〇五年にはJR福知山線脱線事故がありました。交通事故もそうですね[3]。

もっと身近に、とっても嫌なことがあるかもしれません。それは、毎日繰り返されるとっても嫌なことです。「いじめ」です。（ここで子ども

今《いま》の気分《きぶん》は？（あとの気分《きぶん》は？）

なまえ〔　　　　　　　　　　　　〕

今《いま》のあなたについてしつもんします。あなたは、次《つぎ》に書《か》いてあるいろいろな気持《きも》ちや体《からだ》のかんじにどのくらいあてはまりますか。いちばんあてはまるところに、ひとつだけ○をつけてください。

	しつもん 今《いま》は	あてはまらない	すこしあてはまる	かなりあてはまる	非常《ひじょう》にあてはまる	
1	きんちょうしている					
2	しんぱいだ					
3	はらがたつ					
4	いらいらしている					
5	かなしい					
6	こわい					
7	つかれている					
8	ぐったりしている					
9	かんがえられない					1～10の合計《ごうけい》
10	しゅうちゅうできない					
11	げんきいっぱいだ					
12	きぶんがすっきりしている					

この授業《じゅぎょう》の感想《かんそう》

図 10-2　12 項目の気分調査票

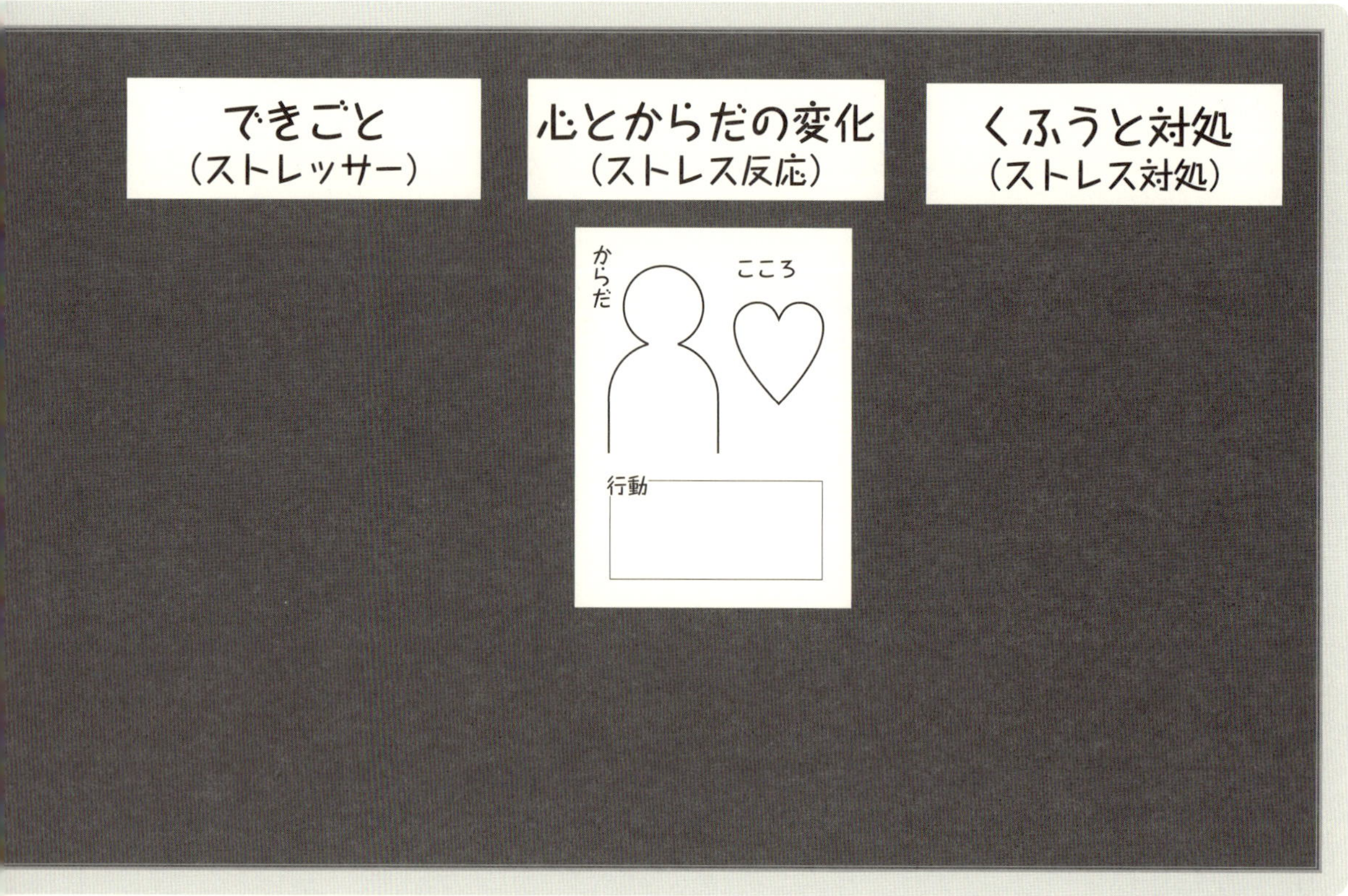

の発言を求める）どんないじめがありますか。

生徒　嫌なこと言われる。

生徒　悪口。

教師　いじめには「無視」「仲間外し」「悪口」や「なぐる」「ける」「技をかける」とか、「ものをかくす」「ものをこわす」などがあります。どれもとっても嫌な出来事です。地震はだんだんおさまります。でも、いじめはいつ終わるかわかりません。

こんなふうに嫌な出来事があると、ストレス反応は違って現れます。「ちょっとしたことでビクッとする」「警戒する」「イライラする」「興奮する」「寝つかれない」という変化が起きます。

とても嫌なことを経験すると、身体全身を緊張させて、そのことを乗りこえようとがんばるんです。もう大丈夫になっても、身体が反応してしまうんです。

「あの子はいじめられていても、明るく振る舞っている。だから大丈夫だ！」って思うのは間違いです。明るく振る舞わないと、心が保てないんですよ。

嫌なことを経験すると、「思い出して怖い」「怖い夢を見る」という反応が起きます。家に帰って、安全なのに、ふっと嫌なことを思い出して苦しくなるんです。勉強にも集中できないですよね。

それから、心がマヒするということも起きます。楽しいことが楽しいと思えないようになったりします。

たとえばAさんがいじめをしています。Bさんはいじめの被害を受けています（Aさん、Bさんのカードを黒板に貼る）。Bさんは、心と身体がこんなに大変になっています。

3.　いじめの構造の理解と傍観者や応援者にできること

「いじめ」というストレスが明らかになったので、この問題を生徒に授業開始時に貼っておくのは、「できごと」（ストレッサー）「心とからだの変化」（ストレス反応）「くふうと対処」（ストレス対処）のカードと、表情絵（顔と身体を描いて人にします）です。

子どもの発言を身体に書き込んできます。

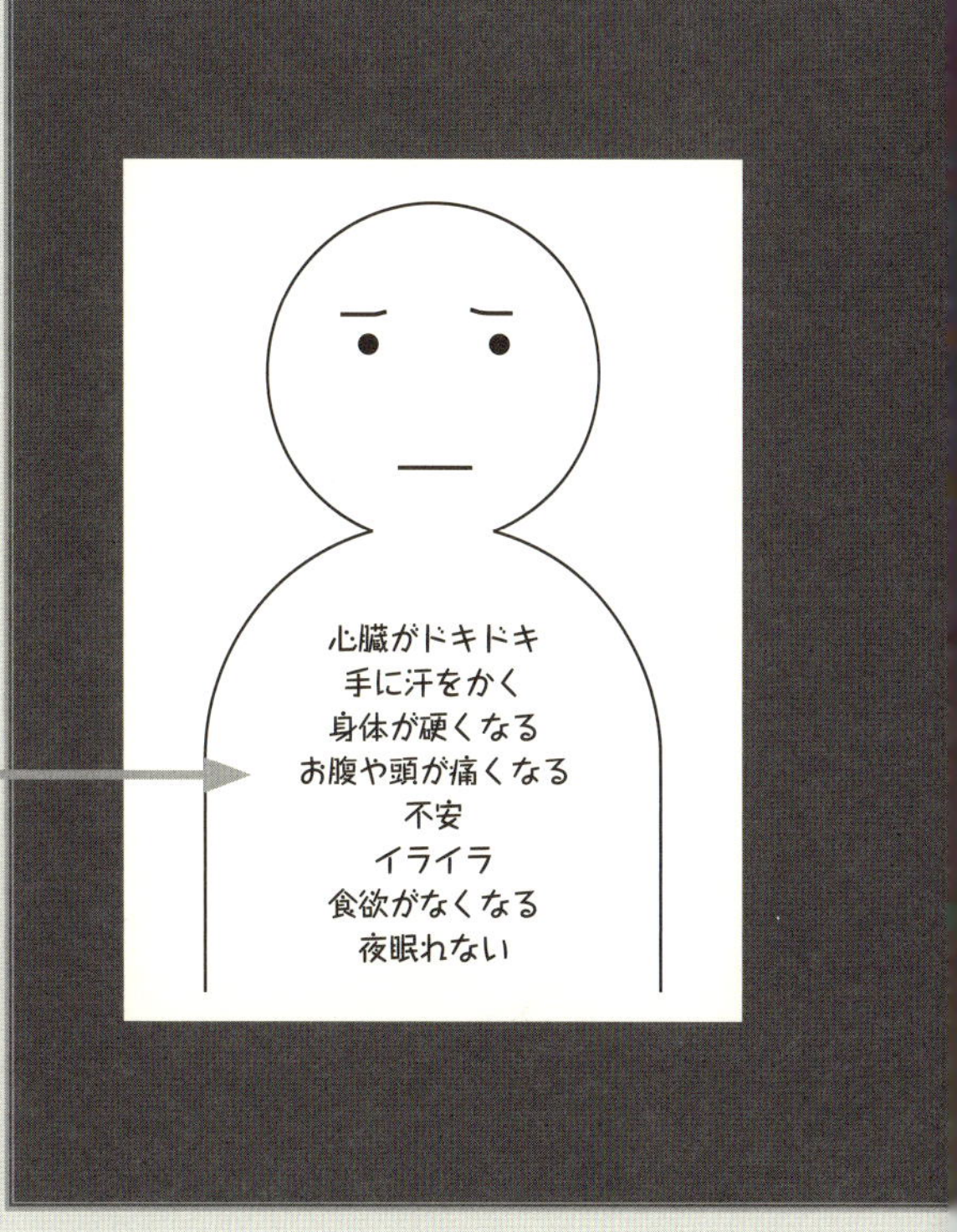
心臓がドキドキ
手に汗をかく
身体が硬くなる
お腹や頭が痛くなる
不安
イライラ
食欲がなくなる
夜眠れない

図 10-3　黒板の様子 1

考えさせます。

教師　ところで、いじめは、いじめをする人、される人の二人の間だけで進んでいきますか。違いますね。いじめをする側に加わる人（Eさんを貼る）、いじめを見ている人（Cさんを貼る）、いじめを止めたいと思っている人（Dさんを貼る）もいます（**図10－4**）。こういった集団のなかで、いじめは進んでいきます。

　さあ、みんな、Bさんが元気になるにはどうしたらいいですか。四人のグループでしっかり話してください！（生徒に三分間話し合ってもらい、話し合った結果を発表してもらいます）

〔児童・生徒からの発言例〕

生徒　DさんがBさんを励ます。

生徒　DさんがBさんと楽しく遊びます。

教師　そうだね。Dさんが嫌なことをされているBさんの味方になってあげるんだね。そうだよね、Bさんは一人でないよって、応援してあげることが大切だよね。

生徒　DとBとCで、AとEに仕返しをします。

教師　仕返しをするって、どんなことをするの？

生徒　いじめ返します。

教師　いじめ返したい気持ちになるよね。でもね、「ストレスといじめ・いじめられ調査」をしたらね、いじめてるほうもいじめられているほうも、両方とも子どものストレスは強いんですよ。「勉強に集中できない」「眠れない」「イライラする」とどちらも訴えているんですよ。やっても、やりかえしても、良いことはありません！

生徒　DさんがEに、いじめは良くないからやめるように言って、EさんからAにやめるように言ってもらいます。

教師　なるほど、子どもで解決しようとするんだ。すごいね。

生徒　相談します。

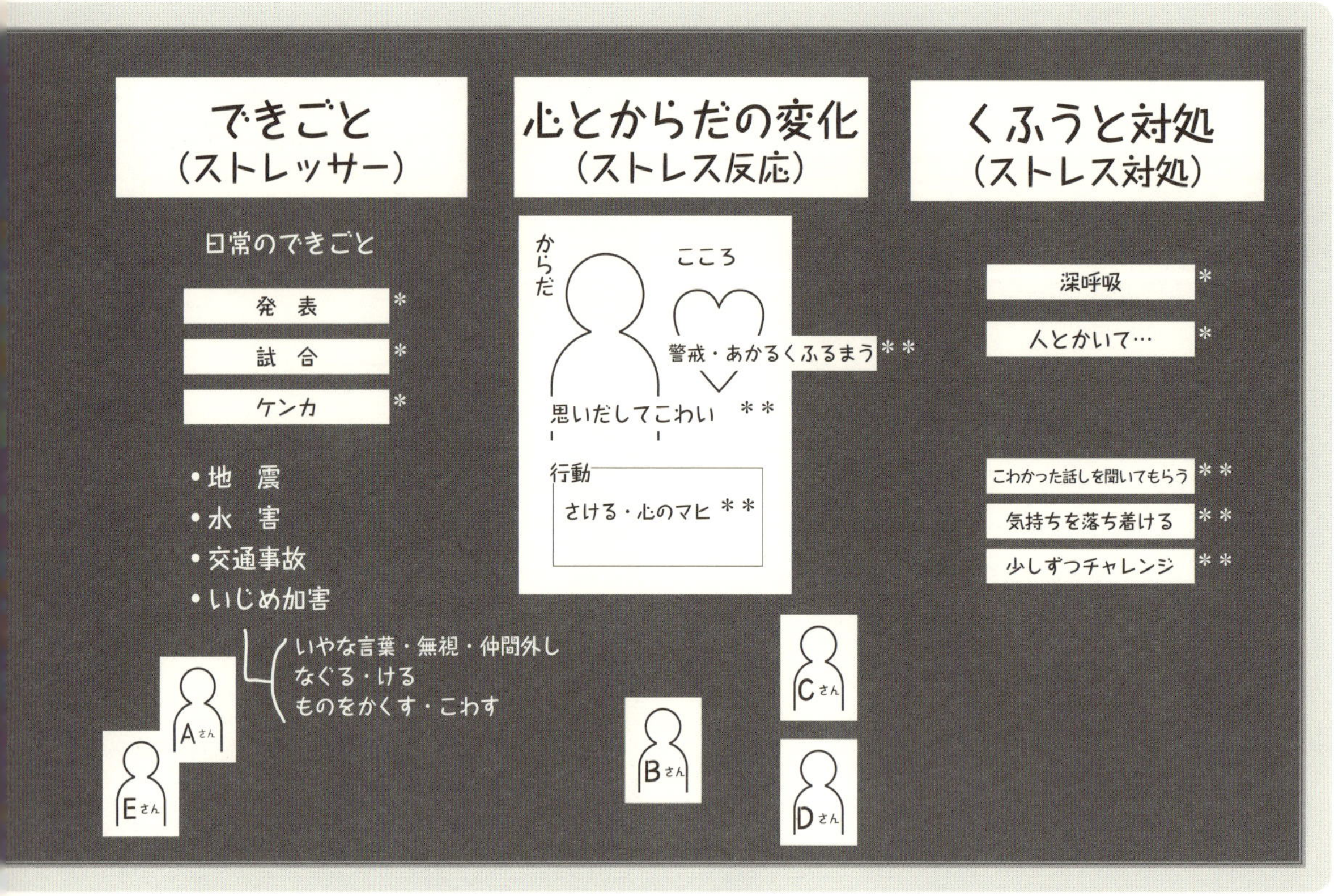

できごと
（ストレッサー）
心とからだの変化
（ストレス反応）
くふうと対処
（ストレス対処）
日常のできごと
発　表 ＊
試　合 ＊
ケンカ ＊
・地　震
・水　害
・交通事故
・いじめ加害
いやな言葉・無視・仲間外し
なぐる・ける
ものをかくす・こわす
からだ
こころ
警戒・あかるくふるまう ＊＊
思いだしてこわい ＊＊
行動
さける・心のマヒ ＊＊
深呼吸 ＊
人とかいて… ＊
こわかった話しを聞いてもらう ＊＊
気持ちを落ち着ける ＊＊
少しずつチャレンジ ＊＊
Aさん
Bさん
Cさん
Dさん
Eさん

教師　そうだね、相談。いいね。ところで誰が相談するの？
生徒　Bさんが親に言います。
教師　Bさんが相談できればいいけど、こんなにつらかったりすると相談できるかな？　このなかで一番相談しやすい人は誰ですか（こうやってCさんやDさんが相談しやすい相手であることを導き出していきます。いじめの解決にはCさんやDさんの力が大きいことを伝えます）。

　このやりとりはいじめの少ない小学校高学年のクラスでの発言例です。いじめがとめられないクラスでは、このような発言がほとんど出ないこともあります。

4.　いじめをやめられない子どもの心理

　次に、いじめの心理を理解するために背景を考察します。
教師　安心して生活する権利をいじめが侵害するということを、Aさんはしっかり学ぶことが必要です。でも、いじめは良くないって知っているんだけど、いじめがやめられないAさんもいます。そんなAさんの心はどうなっているのかな？
生徒　Aさんは親から虐待されています。
生徒　Aさんは昔いじめられていました。
生徒　Aさんは弱い心の人です（Aさんの心がすさんでいて、心が弱い人だということが多く発言されます。また、過去に被害にあっていたり、親から虐待されているということを発言する児童・生徒が多いです）。
教師　Aさんの心は（白い紙でくるんだハートを取り出し、白い紙をはがしてなかにある黒いハートを見せる）実は、寂しい、寂しい、だれも気持ちをわかってくれない、自分のことをだれも認めてくれないって、思っているんですよ（さらに黒い紙をはがしてなかにある赤いハートを見せる）。それで、イライラしたり、むかむかしているんです。そして、いばった

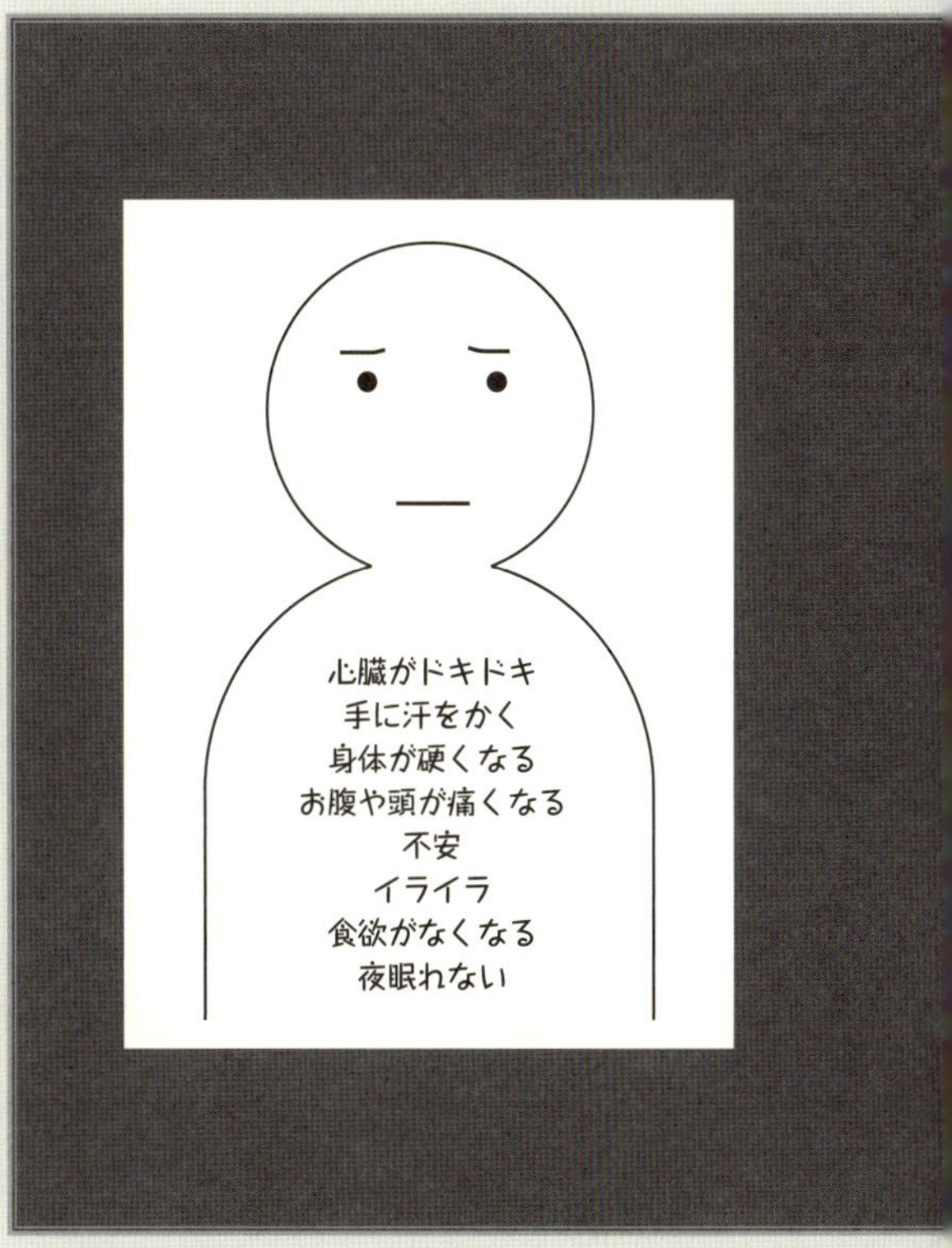
心臓がドキドキ
手に汗をかく
身体が硬くなる
お腹や頭が痛くなる
不安
イライラ
食欲がなくなる
夜眠れない

凡例
＊：子どもの発言を書いて貼ったカード
＊＊：教師側が書いて貼ったカード

図 10-4　黒板の様子 2

り、人を支配したりして、自分を認めてもらおうとしているんですよ。でも、そんなことをしていたら、人を傷つけるだけでなく、自分の本当の力も出せなくなっていきます。いじめはいじめる人の心の問題です。どうして、そんな心になっているのでしょう。

実は、Aさんは家で「おにいちゃんは良くできたのに、あなたはどうしてそうなの」と、兄弟と比較されているかもしれない。それから家族が毎日喧嘩をしたりとか、クラブの先輩からいじめられているとか、大変なできごとを抱えているのかもしれない。いじめをしている人こそ自分の気持ちに向き合い、イライラ・むかつきを人を傷つけない方法で小さくしましょう。イライラむかつきをスポーツや学問へのエネルギーにしましょう。

（「STOP」のカードを見せて）今の「いじめ」をSTOP。止めることが第一です。

Bさんは学校が安全だとわかったら、それではじめて安心します。すると、少しずつ、ストレス反応が小さくなっていきます。そして今、みんなが一所懸命に考えて、相談するとか、話し合いとか、いろんな方法が出てきたよね。それをストレス対処って言うんですよ。つらいとき、緊張したとき、人はそれに対処する力を持っているんだよ。

5.　イライラをやわらげる方法

①　漸進性弛緩法とイメージ呼吸法

科学的に考案されたこの方法は漸進性弛緩法と言い、一九二〇年代にジェコブソンという生理学者が開発しました。身体のいろんな部位に、一度力を入れて、力を抜くという方法です[4]。具体的にみてみましょう。

教師　Aさんもイライラしたとき、人を傷つけるのではなくて、イライラを柔らかくできたらいいよね。そんな方法（**表10－1**）をやってみたいと思います。

表 10-1　漸進性弛緩法の手順

a. 身体のいろいろな部位に力を入れて抜く

❶ 両手首を内側にまげる（ほかはリラックス）➡脱力
❷ 肩をあげて後ろに開く➡背筋にも力を入れる➡脱力（脱力後も肩に力が入っていることに気づくのが大切です）
❸ 腰を反ってお尻にぐっと力を入れる（腰痛がある場合はあまり力を入れないようにする）➡脱力
❹ 額・頬・あごに力を入れる➡奥歯をかみしめる➡脱力
※ リラックスするのに成功すると、4のあとで身体が温かくなったり、ぼんやりしたりします。

b. 身体のいろいろな部位に力を入れて一気に抜く

❶ 両手首をまげる➡両足首をまげる➡肩をあげる➡お尻に力を入れる➡顔をくしゃくしゃにする➡一気に脱力➡もう一度脱力する➡眠気がしたらそのままぐっすりと眠る

c. 順番に力を入れて抜く

※ a・bとやってきて、それでも頭がさえている場合には順番に力を入れて順番に力を抜きます。
❶ 両手首をまげる
➡ほかをリラックスさせたまま両足首をまげる
➡両手首に力を入れたまま両足首の力を抜く
➡両手首の力も抜く
❷ 両手首をまげる
➡両足首をまげる
➡肩を開いて背中にも力を入れる
➡両手首と両足首は力を入れたまま、肩と背中の力を抜く
➡両手首に力を入れたまま、両足首の力を抜く
➡両手首の力を抜く
❸ 両手首をまげる
➡両足首をまげる
➡肩と背中にも力を入れる
➡腰とお尻にも力を入れる
➡両手首・両足首・肩・背中は力を入れたまま、腰とお尻の力を抜く
➡両手首・両足首は力を入れたまま、背中と肩の力を抜く
➡両手首は力を入れたまま、両足首の力を抜く
➡両手首の力を抜く
❹ 両手首をまげる
➡両足首をまげる
➡肩と背中にも力を入れる
➡腰とお尻にも力を入れる
➡顔に力を入れる
➡奥歯をかみしめて目をぎゅっとつぶる（この時点で全身に力が入っています）
➡両手首・両足首・肩・背中・腰・お尻は力を入れたまま、顔の力を抜く
➡両手首・両足首・背中・肩に力を入れたまま、腰とお尻の力を抜く
➡両手首・両足首に力を入れたまま、背中と肩の力を抜く
➡両手首は力を入れたまま、両足首の力を抜く
➡両手首の力を抜く

表 10-2　イメージ呼吸法

イメージ呼吸法のこつ

❶ 息を吸うのが緊張、吐くのがリラックス

落ち着きたいとき、リラックスしたいときは以下のように呼吸しましょう。
・呼吸全体を 10 カウントと考えましょう。
・1、2、3 カウント目まで息を吸います。
・4 カウント目で息をとめます。
・5、6、7、8、9、10 の 6 カウントかけて息をゆっくりと吐きます。

❷ 腹式呼吸をする

腹式呼吸をするには、お腹まで空気を届けてお腹から空気を吐き出すイメージで呼吸しましょう。腹式呼吸ができていれば、息を吐くとお腹がしぼみ、息を吸うとお腹がふくらみます。

❸ イメージやメッセージを利用する

吐く息と一緒にイライラや身体の疲れが外に出ていくと思いましょう。

イメージ呼吸法の手順

目がさえてなかなか寝つかれないときや、眠ろうとしてもいつの間にか考えごとをしてしまうときにイメージ呼吸法を試してみましょう。

❶ ふとんの上に横たわる。
❷ 額・頬・あご・首・両肩・胸・背中・両腕・腰・両もも・両ふくらはぎ・両足指の順で、気持ちを頭から足先にかけて向ける。
❸ 違和感がある場合は、違和感を感じている部分を動かすか、横たわり方を少し変える。
❹ お腹に注意を向け、息を吸うとお腹がどうなるか、息を吐くとお腹がどうなるかを観察する。この際、お腹に手（片手でも両手でもかまいません）を置くとお腹の感じがはっきりとわかるでしょう。
❺ 自分のペースで息を全部ゆっくりと吐ききります。
❻ 息を吐ききったら、自然に大きく息を吸いこむ。
❼ 息をいっぱい吸い込んでお腹が膨らんだところでちょっと止める。
❽ 口をすぼめてゆっくりと細く長く息を吐く。
❾ 吐く息と一緒に身体の疲れやイライラが身体の外へ出ていくことをイメージする。
❿ 自分のペースで 1 から 9 の大きな呼吸を 2、3 回繰り返す。
⓫ 2、3 回大きな呼吸をしたあと、自然な呼吸に戻す。

自然な呼吸に戻しても、吐く息と一緒に肩の力が抜けて身体が楽になる感じがしたり、身体が温かくなる感じがしたりしたらそれがリラックスしている状態です。

「今日、嫌なことがあって興奮して眠れない」とか、そんなときにやってみるといいですよ。もちろん、次の日に試合や試験があって眠れないっていうときも使えるよ。

疲れたときは、背伸びをしますよね。はい、一緒にやってみましょう。腕を伸ばして、右、左、真ん中、足も伸ばして、はい脱力。

次にイメージ呼吸法もやってみます（**表10－2**）。

そのほかにもつぎのようなワークをやってみましょう。

② 怒りを和らげて落ち着いて主張するワーク

教師　嫌なことをいわれたら、こんな顔（怒りの表情絵を見せて）になります。みんな「腹立つ、むしゃくしゃする、許せない」そんな気持ちになったとき、こんな顔になります。みんなこんな顔してみよう！

（上手に怒った顔をしている生徒をほめる言葉かけをする）

みんな○○さんみたいに、怒ってみよう！

だからといって、ムカツクから、友達をいじめていい？

よくないよね。そんな時は、少し落ち着くこと。落ち着いて、自分の主張、言いたいことをはっきり言うことだね。

落ち着くためのいい方法があります。

もう一度、怒った顔して！

顔だけに力が入っている？　手や背中や足にも力が入っているよね。

顔は怒ったまま、手や背中や足の力少し抜いてみようか。

ほら、顔も力が抜けるでしょ。全部抜いちゃダメだよ。主張するためには、少し緊張しないといけないからね。

背をすっと伸ばしてね、「それはないと思うよ」って言ってみようか！

③ 絆のワーク

教師　つらいことがあったBさんも、DさんやCさんから励まされたり応援してもらったりすると元気が出てきます。つらい大変なことを乗りこえるためには、人と人の絆、応援が大切です。

クラスの仲間同士のいたわりと応援も大切です。

同性同士ペアになりましょう。前に座る人は応援してもらう人、後ろの人は応援する人です。

前の人は、つらいことがありました。元気が出ません。後ろの人は「あんな大変なことがあったんだからつらいね。でも、また一緒に遊ぼう、勉強しよう」って、温かな気持ちをしっかりこめて、両手を前の人の肩に置いてみましょう。しっかりやさしくですよ。

両手で肩をつつみこむように。前の人にこれぐらいの力でいいか、手を置いた位置はいいか聞いてみてください。

はい、手を置いてもらうと、身体があったかくなって、少し元気がわいてきました。それで、前の人は大きく深呼吸をしてみましょう。大きく息を吸って、ゆっくり吐いてみます。後ろの人は両手から、大きく息をしていることを感じることができるかもしれません。

もっと元気が出てきたので、ここでちょっとがんばってみることにしましょう。ちょっと肩をあげてがんばってみます。後ろの人は、がんばりが手でわかりますか。はい、力を抜いて。こんなことがあったのに、少しがんばれたって。

次に後ろの人は、ゆっくり手を離していきます。前の人はずっと応援してもらっている感じがするかもしれません。

今度は背を伸ばして、一人で肩を大きく高くあげてがんばってみます。長続きするがんばりですよ。肘、顔、背中に余分な力が入っていないか点検してください。はい、ストンと力をぬいて。

後ろの人は、「がんばったね」って声をかけてあげてください。

6. まとめと今の気分チェック・感想

このようなプログラムを終えたらまとめを話し合ってみましょう。

教師　まとめをしましょう。安全なのにイライラしたり警戒したりしているときは、リラックス法をやってみてください。

　思い出して苦しくなったら、信頼できる人にしっかり聞いてもらうと、怖い気持ちが小さくなります。

　もう安全だ、Aさんも謝ってくれた、でも、学校が怖いという気持ちが続くことがあるんですよ。そんなときは少しずつチャレンジしてください。保健室だったら、少し大丈夫かな。そして「次は教室だ！」って、それで乗りこえていくことができます（「くさったことば」「おいしいことば」のカードを取り出す）。

　最近は、言葉によるいじめがたくさんあります。言葉と食べ物はよく似ています。おいしいものを食べると元気が出てきます。反対に腐った物を食べるとどうなりますか。

生徒　吐く。

生徒　下痢する。

教師　そう、悪いものを一所懸命に身体の外に出そうとします。言葉も同じです。「くさったことば」と「おいしいことば」があります。「がんばったね」「ありがとう」と、おいしい言葉をもらうと元気が出てきます。反対に、嫌な言葉がありますね。くさった言葉です。言葉も毎日食べているんです。

　でも、言葉と食べ物で違うことが一つあります。食べ物は自分の手で選びます。でも、言葉は目や耳から入ってきて、耳をふさいでも、目を閉じても身体に入ってしまいますね。

　おいしい言葉を送りあってください。そして、楽しく勉強にスポーツにがんばれる学校生活を送ってください。それが将来、みんなが仕事につくときに大きな力になります。

　はい、それでは、気分のチェックをもう一度しましょう。そして、この授業の感想も書いてね！

[子どもの感想例]

- やっぱり自分もAさんのように言葉の暴力を相手にしているとわかりました。受験などのストレスを身近な人にぶつけないように意識したいなと思いました。
- リラックスの方法を教わったので、テストのときやイライラしているときでも緊張をほぐすことができそうです。受験のときも落ち着いて受けられると思います。
- リラックスをして、いいことを教えてもらったと思いました。こんなに簡単なことで良かったんだなと思いました。
- すごくスッキリした。最初は、なあんか、気分悪かったけど、今はちょースッキリで気持ちいい。クラスのなかでいじめがちょっとおこっているから、いじめている人が「いじめはいけない」と思ってくれたらうれしいと思いました。
- いじめとかで話し合ったことがなかったから、いろんな意見が聞けて良かったです。ストレスがぬけたかんじです。すっきりしてて気持ちが良いです。
- けっこう簡単にリラックスできたりするんだなと思った。いじめって人の心身共に傷つけるんだなとわかりました。
- 授業が始まる前はすごく緊張していたけど、授業が終わるころはぜんぜん緊張していなかったです。すごくリラックスできました。
- やっぱりいじめはダメだなーと思いました。いじめのないクラスにしたいです。
- 今回のことでいじめがあるといろいろなことがあることがわかって良かったです。ストレスの解消法がわかって良かったです。
- いじめはだめらしい。いじめはゆるされないが、私は不満が少しあるが、克服してみます。
- めちゃ気分が良くなりました。げんきも少し出てきました。いじめられた子がいたら助けたいと思いました。いじめのないクラスを夢みています。

・いじめはやっぱりあってはいけないことです。家庭環境のなやみも聞いてくれる人は必ずいると思うから打ちあければすっきりするし、いじめも減ると思います。

・気分が少しスッキリしたような気がする。げんきが出ました。いじめのことなどよくわかりました。いじめのないクラスにしたいです。

7. いじめ予防の効果を検討するために

この授業の前に、「いじめ意識アンケート」や「学校生活アンケート（ストレスといじめ）」を実施しておくとよいでしょう。この授業の約1カ月後にも同じアンケートを実施して、実態がどう変化したかも把握します。アンケートの集計した結果を生徒にフィードバックして、いじめについて考えてもらう授業も行うとよいでしょう。

その際は特定の生徒が傷つくことのないように配慮しましょう。

引用・参考文献（50音順）

［1章］

1　文部科学省『中学校学習指導要領解説　総則編』東京書籍、一九九九年
2　文部科学省『「生きる力」をはぐくむ学校での安全教育』日本スポーツ振興センター、二〇〇一年
3　文部科学省『学校の安全管理に関する取組事例集　学校への不審者侵入時の危機管理を中心に』日本スポーツ振興センター、二〇〇三年
4　文部科学省『学校の危機管理マニュアル――子どもを犯罪から守るために』二〇〇七年
5　渡邉正樹編著『新編学校の危機管理読本』教育開発研究所、二〇〇八年
6　渡邉正樹編著『学校安全と危機管理』大修館書店、二〇〇六年

［2章］

1　大塚千秋・安藤満代「ターミナル期の家族ケア――子供に母親の死を教える」『群馬保健学紀要』二三巻、二〇〇二年、三三-四二頁
2　かながわ・がんＱＯＬ研究会編『talking to children――がんを患った患者や家族が、子供に真実をどう話すか』かながわ・がんＱＯＬ研究会、二〇〇〇年
3　グートマン・マリリン・Ｅ『友だちが死んだとき』松本美香訳、ＷＡＶＥ出版、二〇〇二年
4　グロルマン・アール・Ａ『死ぬってどういうこと?――子どもに「死」を語るとき』重兼裕子訳、春秋社、一九九二年
5　Servaty-Seib, H.L., & Peterson, J. Notifying Individual Students of a Death Loss : Practical Recommendations for Schools and School Counselors. *Death Studies*, **27**, 167–186, 2003.
6　The Dougy Center The National Center for Grieving Children & Families, *Helping the Grieving Student : A Guide for Teachers*. The Dougy Center The National Center for Grieving Children & Families, 1998.
7　杉本玲子「子どもの死生観と宗教心」『青山学院女子短期大学総合文化研究所年報』四巻、一九九六年、二三一-二三九頁
8　Dyregrov,A., Gjestad,R.,& Wikander, Bie, A.M. Reactions Following the Sudden Death of a Classmate. *Scandinavian Journal of Psychology*, **40**, 167–176, 1999.
9　タギーセンター（全米遺児遺族のためのグリーフサポートセンター）編『大切な人を亡くした子どもたちを支える35の方法』梨の木舎、二〇〇五年
10　津村直子・笹森春美・田中豪一「思春期の子どもの死に関する意識調査」『北海道教育大学紀要（教育科学編）』四九巻一号、一九九八年、一〇五-一一二頁
11　Demaso, D.R., Meyer, E.C., & Beasley, P.J. What Do I Say to My Surviving Children? *Clinical Perspectives*, **36**(9), 1299–1303, 1997.
12　仲村照子「子供の死の概念」『発達心理学研究』五巻一号、一九九四年、六一-七一頁
13　藤森和美編著『学校トラウマと子どもの心のケア　実践編――学校教員、養護教諭、スクールカウンセラーのために』誠信書房、二〇〇五年、七九-九五頁
14　ブラウン・ローリー・Ｋ、ブラウン・マーク『「死」って、なに?――かんがえよう、命のたいせつさ』高峰あづさ訳、文渓堂、一九九八年
15　ルーテル学院大学付属人間成長とカウンセリング研究所グリーフ研究会編『思いっきり会いたい　大事な人を亡くしたご家族へ』ルーテル学院大学付属人間成長とカウンセリング研究所、二〇〇五年a
16　ルーテル学院大学付属人間成長とカウンセリング研究所グリーフ研究会編『思いっきり会いたい　大事な人を亡くしたあなたへ』ルーテル学院大学付属人間成長とカウンセリング研究所、二〇〇五年b

［3章］

1　藤森和美「学校現場の危機における緊急支援活動――事件、事故後の心理的サポートのシステムと連携」『日本精神科病院協会雑誌』第二七巻七号、二〇〇八年、四五-五二頁

2　藤森和美「事件・事故などの被害を受けた児童・生徒の心のケア——学校教職員のためのハンドブック」『武蔵野大学心理臨床センター』第七号、二〇〇七年、六三-七六頁

3　藤森和美「第一章　子どもにとって何がトラウマか」『子どものトラウマと心のケア』藤森和美編著、誠信書房、一九九九年、一-一二頁

4　文部科学省「平成十七年度　生徒指導上の諸問題について」

5　福岡県臨床心理士会編、窪田由紀・向笠章子・林幹男・浦田英範『学校コミュニティへの緊急支援の手引き』金剛出版、二〇〇五年

6　Johnson, K., Crisis response to schools. *international Journal of emergency mental health.* Fall; 2(3) : 173-80.

7　Kawano, M., School Crisis and Mental Care.The crisis response team (CRT). *JMAJ* 51(3) : 164, 168, 2008

8　E・K・ライナソン「第五章　子どものための修復的語り直し」『犯罪・災害被害遺族への心理的援助——暴力死についての修復的語り直し』藤野京子訳、金剛出版、二〇〇八年、九一-一〇二

9　藤森和美編著『学校トラウマと子どもの心のケア　実践編——学校教員、養護教諭、スクールカウンセラーのために』誠信書房、二〇〇五年

［4章］

1　竹川郁夫監修、砂川真澄編『解決しよう!!　子どものいじめ』子どもの人権・安全ステーション長崎、二〇〇五年

2　田村立・遠藤太郎・染矢俊幸「虐待が脳におよぼす影響」『精神医学』48巻、二〇〇六年、七二四-七三二頁

3　長尾圭造・岸田学「思春期・青年期のＰＴＳＤ（いじめのＰＴＳＤ）」『児童精神医学とその近接領域』四五巻二号、二〇〇四年、一四七-一五三頁

4　Nicol, R. Practice in non-medical setting. Rutter & Tayloe (Eds.) *Child and adolescent psychiatry*. 4th ed. London, Blackwell, 2002, chapter 64.

［5章］

1　石隈利紀『学校心理学——教師・スクールカウンセラー・保護者のチームによる心理教育的援助サービス』誠信書房、一九九九年、一八九-二三二頁

2　小林正幸・小野昌彦『教師のための不登校サポートマニュアル』明治図書、二〇〇五年

3　特別支援教育の在り方に関する調査研究協力者会議「ＡＤＨＤ及び高機能自閉症の定義と判断基準（試案）等　今後の特別支援教育の在り方について（最終報告）」二〇〇三年三月二十八日答申（http://www.mext.go.jp/b_menu/shingi/chousa/shotou/018/toushin/030301j.htm）

4　鳥取県不登校対策委員会編、不登校問題教職員研修資料「あした、また学校で」鳥取県教育委員会、二〇〇一年（http://www.pref.tottori.jp/kyouiku/syoucyu/futoko/ashita-gakkoude-org.pdf）

5　文部科学省「今後の不登校への対応の在り方について（報告）」二〇〇三年（http://www.mext.go.jp/b_menu/public/2003/03041134.htm#01）

6　文部省初等中等教育局、文部省学校不適応対策調査研究協力者会議報告「登校拒否（不登校）問題について——児童生徒の『心の居場所』づくりを目指して」一九九二年

7　文部省・生徒指導研究会編『登校拒否の指導・相談事例集』第一法規、一九八八年

［6章］

1　加藤曜子編著『市町村児童虐待防止ネットワーク——要保護児童対策地域協議会へ』日本加除出版、二〇〇五年

2　小出まみ『地域から生まれる支えあいの子育て——ふらっと子連れでDrop-in!』ひとなる書房、一九九九年

3　河野通英監修『みんなでネットワーク——子ども虐待に関わる援助関係者の連携マニュアル　改訂版』山口県健康福祉部、二〇〇六年

4　武田信子『社会で子どもを育てる——子育て支援都市トロントの発送』平凡社、二〇〇二年

5　日本子ども家庭総合研修所編『子ども虐待対応の手引き——平成一七年三月二五日改訂版』有斐閣、二〇〇五年

6　藤森和美編著『学校トラウマと子どもの心のケア——実践編』誠信書

房、二〇〇五年

7 森田ゆり『しつけと体罰――子どもの内なる力を育てる道すじ』童話館出版、二〇〇三年、三四-四三頁

8 森田ゆり『新・子どもの虐待――生きる力が侵されるとき』岩波書店、二〇〇四年

[7章]

1 岩崎直子「男性の性被害とジェンダー」宮地尚子編『トラウマとジェンダー――臨床からの声』金剛出版、二〇〇四年、六四―八〇頁

2 小西聖子『犯罪被害者の心の傷』（増補新版版）白水社、二〇〇六年

性暴力を許さない女の会『サバイバーズ・ハンドブック―性暴力被害回復への手がかり』新水社、二〇〇二年

3 中島幸子「学校現場でDV防止教育は可能か？　全員が知識をもちサポートを」『季刊セクシュアリティ』三二号、エイデル研究所、二〇〇七年、二二―二七頁

4 野坂祐子「性暴力を受けた子どもの問題とケア」藤森和美編『学校トラウマと子どもの心のケア　実践編 学校教員・養護教諭・スクールカウンセラーのために』誠信書房、九六―一一一頁、二〇〇五年

5 野坂祐子「被害者支援」藤岡淳子編『対人関係における暴力―その理解と回復への手立て』岩崎学術出版社、二〇〇八年、一三一―一四八頁

6 野坂祐子「性暴力被害の問題と支援」上里一郎監修、丹治光浩編『被害者心理とその回復　心理的援助の最新技法』ゆまに書房、二〇〇八年、一九一―二一七頁

7 フェミニストセラピィ研究会「Working With Women　性暴力被害者支援のためのガイドブック」フェミックス、一九九九年

8 藤岡淳子『性暴力の理解と治療教育』誠信書房、二〇〇六年

9 米国精神医学会『DSM―ⅣTR　精神疾患の診断・統計マニュアル』高橋三郎・大野裕・染矢俊幸訳、医学書院、二〇〇二年（American Psychiatric Association〈2000〉*Diagnostic and Statistical Manual of Mental Disorders.* Fourth Edition Text Revision（DSM-IV-TR）Washington DC, American Psychiatric Association.

10 森田ゆり「子どもへの性的虐待」岩波書店、二〇〇八年

11 山口のり子『デートDV防止プログラム実施者向けワークブック―相手を尊重する関係をつくるために』梨の木舎、二〇〇五年

[8章]

1 すこたん企画編、伊藤悟『同性愛がわかる本』明石書店、二〇〇〇年

2 岩室紳也『紳也's HP』（http://homepage2.nifty.com/iwamuro/）

3 エイズ予防財団監修「エイズについてこどもと話そう」財団法人エイズ予防財団、二〇〇五年（http://api-net.jfap.or.jp/siryou/video/kodomo_panf/hyoushi.htm）

4 NPO法人動くゲイとレズビアンの会（アカー）（http://www.occur.or.jp/tel.）

5 NPO法人キララ　ティーンズネットふわり（http://www.fu-wa-ri.net/aboutus.html）

6 NPO法人HIVと人権・情報センター（http://www.npo-jhc.com/act_tel.htm）

7 API－Netエイズ予防情報ネット　検査・相談窓口（http://api-net.jfap.or.jp/）

8 花王「からだのノート――おとなになるということ」（http://www.kao.co.jp/laurier/karada/）

9 北山翔子『神様がくれたHIV』紀伊国屋書店、二〇〇〇年

10 厚生労働省、平成19年度保健・衛生行政業務報告（衛生行政報告例）結果の概況（http://www.mhlw.go.jp/toukei/saikin/hw/eisei/07/index.html）

11 厚生労働省エイズ動向委員会編『平成19年エイズ発生動向年報（PDF形式）』厚生労働省エイズ動向委員会（http://api-net.jfap.or.jp/mhw/survey/07nenpo/nenpo_menu.htm）

12 サンチェス・ロバート著、シュナイダー・クリス写真『父親になったジョナサン』上田勢子訳、大月書店、二〇〇五年

13 高崎真規子『少女たちはなぜHを急ぐのか』日本放送出版協会、二〇〇四年

14 多田富雄監修、萩原清文著『好きになる免疫学』講談社、二〇〇一年

15 日本学校保健会、エイズ教育情報ネットワーク（http://www.hokenkai.or.jp/）
16 日本学校保健会「エイズ教育パンフレット及び手引き」（http://www.hokenkai.or.jp/2/2-5/2-51/2-51-frame.html）
17 P&G「女の子のココロとからだの情報ページ」（http://www.happywhisper.com/petit/index.html）
18 本田美和子『エイズ感染爆発とSAFE SEXについて話します』朝日出版社、二〇〇六年
19 ボンマリート・パトリック『パトリック・ボンマリートの生活と意見　僕の幸福論』木魂社、二〇〇三年
20 文部科学省「新しい学習指導要領（改定案）」（http://www.mext.go.jp/a_menu/shotou/new-cs/080216.htm）
21 山田七重「じぶんたいせつぶっく」神奈川県保健福祉部健康増進課パンフレット、二〇〇五年
22 山田七重・山縣然太朗「じぶんたいせつぶっく」山梨県健康増進課パンフレット、二〇〇二年
23 ユニ・チャーム「はじめてからだナビ」（http://www.unicharm.co.jp/girls/）

［9章］

1 高橋良彰『犯罪心理学』日本文芸社、二〇〇五年
2 藤岡淳子『非行少年の加害と被害』誠信書房、二〇〇一年
3 藤岡淳子『性暴力の理解と治療教育』誠信書房、二〇〇六年

［10章］

1 冨永良喜・山中寛『動作とイメージによるストレスマネジメント教育　展開編』北大路書房、一九九九年
2 冨永良喜「ストレスマネジメントとトラウマ」『ストレスマネジメント研究』一巻、二〇〇三年、二七-三二頁
3 冨永良喜・高橋哲「トラウマ臨床に活用できるストレスマネジメント技法」『精神療法』三三巻二号、二〇〇七年、一六四-一六九頁
4 山中寛・冨永良喜『動作とイメージによるストレスマネジメント教育基礎編』北大路書房、二〇〇〇年

松浦《まつうら》　正一《しょういち》（5 章）

2001 年　筑波大学大学院教育研究科カウンセリング専攻修士課程修了
現　在　帝京平成大学大学院健康科学研究科臨床心理学専攻准教授
共　著　『学校トラウマと子どもの心のケア　実践編』誠信書房　2005 年,『学校心理学の最前線』ナカニシヤ出版近刊

廣岡《ひろおか》　逸樹《いつき》（6 章）

1980 年　東北大学文学部卒業
現　在　児童養護施設俵山湯の家施設長
共　著　『いじめの連鎖を断つ――あなたができる「いじめ防止プログラム」』冨山房インターナショナル　2008 年,『学校トラウマと子どもの心のケア　実践編』誠信書房　2005 年,『知的発達障害の家族援助』金剛出版　2002 年,『児童虐待と児童相談所――介入的ケースワークと心のケア』金剛出版　2001 年

野坂《のさか》　祐子《さちこ》（7 章）

2004 年　お茶の水女子大学大学院人間文化研究科人間発達科学専攻博士課程単位取得退学
現　在　大阪教育大学学校危機メンタルサポートセンター講師
共　著　『ストレスに負けないこころを育てる学校の取り組み』教育開発研究所　2005 年,『学校トラウマと子どもの心のケア　実践編』誠信書房　2005 年,『関係性における暴力――その理解と回復への手立て』岩崎学術出版社　2008 年

山田《やまだ》　七重《ななえ》（8 章）

1997 年　山梨大学大学院教育学研究科修士課程修了
現　在　健康教育アドバイザー（エイズ・性感染症予防に関する講演活動，講演後のメール相談，検査への付き添い），山梨大学大学院医学工学総合研究部社会医学講座　技術補佐員

浅野《あさの》　恭子《やすこ》（9 章）

1991 年　京都女子大学大学院家政学研究科児童学専攻修士課程修了
現　在　大阪府立修徳学院主査
共　著　藤岡淳子編『対人関係における暴力』岩崎学術出版　2008 年

冨永《とみなが》　良喜《よしき》（10 章）

1983 年　九州大学大学院教育心理学専攻博士課程単位取得退学
現　在　兵庫教育大学大学院教授
共　著　『学校トラウマと子どもの心のケア　実践編』誠信書房　2005 年,『動作とイメージによるストレスマネジメント教育』（展開編／基礎編）北大路書房　1999 ／ 2000 年,『災害と心の癒し』ナカニシヤ出版　1997 年

編著者紹介

藤森《ふじもり》　和美《かずみ》

2001年　筑波大学大学院教育研究科カウンセリング専攻修士課程修了

2005年　大阪大学大学院人間科学部博士後期課程修了

現　在　武蔵野大学人間関係学部教授，博士（人間科学），臨床心理士。
　　　　山口県クライシスレスポンスチーム委員会顧問，横浜市教育委員会スクールスーパーバイザー

編著書　『学校トラウマと子どもの心のケア　実践編』誠信書房　2005年，『被害者のトラウマとその支援』誠信書房　2001年，『子どものトラウマと心のケア』誠信書房　1997年，『悲嘆の心理』サイエンス社　1997年，『心のケアと災害心理学』芸文社　1995年

執筆者紹介

渡邉《わたなべ》　正樹《まさき》（1章）

1988年　東京大学大学院教育学研究科博士課程修了

現　在　東京学芸大学教育学部教授，博士（教育学），日本安全教育学会常任理事，日本学校保健学会理事

著　書　『ワークシートで身につける！　子どもの危険予測・回避能力』光文書院　2007年，『健康教育ナビゲーター』大修館書店　2002年

編著書　『新編　学校の危機管理読本』教育開発研究所　2007年，『学校安全と危機管理』大修館書店　2006年

共　著　『「生きる力」をはぐくむ学校での安全教育』文部科学省　2001年

柳《やなぎ》 田《だ》　多美《たみ》（2章）

2005年　上智大学文学研究科博士後期課程心理学専攻

現　在　大正大学人間学部臨床心理学科准教授，臨床心理士

共　著　『家族心理学特論』日本放送出版協会　2006年

共　訳　『トラウマティック・ストレス』誠信書房　2001年

藤森《ふじもり》　和美《かずみ》（3章）

長尾《ながお》　圭造《けいぞう》（4章）

1970年　大阪市立大学医学部卒業

現　在　榊原こころのクリニック 管理医師

共　著　「幼児デイケア」安藤晴彦編『心身障害児のリハビリテーション』南山堂　1990年，「学級崩壊」日本小児精神医学研究会編『学校保健対策マニュアル』ひとなる書房　2001年，など。

共監修　『児童青年精神医学　第4版』明石書店　2007年，『自閉症の評価：診断とアセスメント』黎明書房　1995年，他。

共　訳　『精神遅滞児（者）と性教育』岩崎学術出版社　1987年。『自閉症児と家族』黎明書房　1987年，他。

学校安全《がっこうあんぜん》と子《こ》どもの心《こころ》の危機管理《ききかんり》
——教師・保護者・スクールカウンセラー・養護教諭・指導主事のために

2009年2月25日　第1刷発行
2010年6月30日　第2刷発行

編著者　藤森和美
発行者　柴田敏樹
印刷者　西澤道祐

発行所　株式会社　誠信書房
〒112-0012　東京都文京区大塚3-20-6
電話　03 (3946) 5666
http://www.seishinshobo.co.jp/

あづま堂印刷　協栄製本
落丁・乱丁本はお取り替えいたします
検印省略
無断で本書の一部または全部の複写・複製を禁じます
© Kazumi Fujimori, 2009
Printed in Japan
ISBN978-4-414-40050-2 C3011

10代の
心と身体のガイドブック

ISBN978-4-414-80202-3

米国小児科学会編　関口進一郎・白川佳代子監訳

10～20歳のいわゆる思春期の子どもを持つ親を対象に，米国の小児科医5万7000人の知恵をまとめたガイドブック。子どもの身体の発達，心理状態，家庭・学校での人間関係，社会に出るための準備，タバコ，麻薬，薬物に対する知識，がんや慢性病への対処が語り口調でやさしく書かれている。思春期・青年期の子どもを持つ親はもちろん，医師や臨床心理士，教師，養護教諭が患者や家族にアドバイスする際にも大いに参考になる。

目　次

A5判並製747頁　本文2色刷
定価(本体5800円＋税)

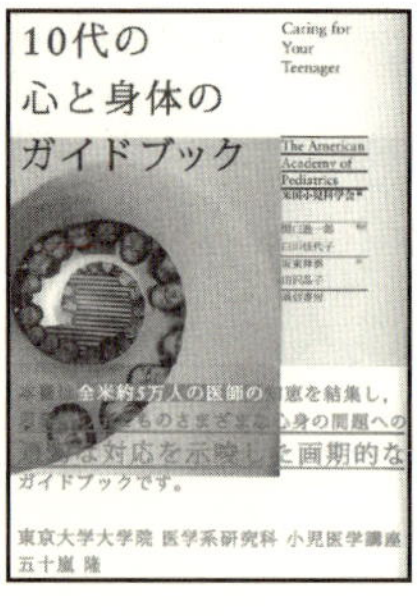